遊び心をくすぐる 32 作例

食べる・動かす・もてなす折り紙

鈴木恵美子 著
Suzuki Emiko

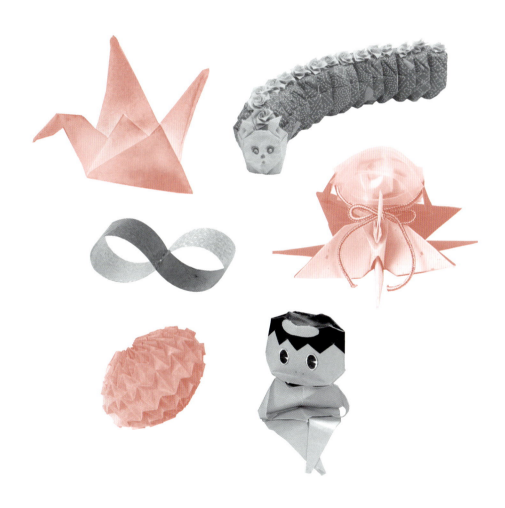

日貿出版社

はじめに

2014年の『バラの折り紙 ツイストローズ』の出版作業をしていたある日、休憩時に、折り紙作品を動かしながらエピソード等をお話しすると、皆さんに笑顔が生まれて「次の本はそれですね」と夢が語られ、このたびの本が実現しました。

第一章は「食べる折り紙」です。

30年前、我が家は3人の子育てを楽しみ、手作りのホームパーティーをしたり、毎日のお弁当作りを楽しむ家庭でした。家庭訪問の時、幼稚園の先生が息子の様子を話してくれました。「お弁当をじっと見てなかなか食べないので、どうしたの？ と尋ねると、食べるのがもったいないので見てるのと答えたので、お母さんは食べてくれるのが嬉しいのよと言ったら、嬉しそうにパクパク食べ始めたんですよ」と。

「食べる折り紙」を楽しむ感覚はその頃と変わっていません。お弁当を見た目で楽しませることも、折り紙で楽しませる工夫も、私にとっては同じです。

今、息子はお嫁さんと子育てを楽しんでいて、自分がファミリーパーティーで味わったことを楽しそうに話します。子育てしていた頃のことが、懐かしく思い出されます。

第二章は「動く折り紙」です。

この2、3数年で、私の身の周りでいろいろなことが起きました。夫の7回の入退院、私の悪性腫瘍の手術。それらを乗り越えられたのは、やはり、「折り紙の力」でした。

手足が動かせない時は、「指先は動かせる！」と気持ちを切り替え、簡単な折り紙がリハビリになり、手足が動くようになりました。この章の「簡単折り紙」はリハビリにもおすすめで、実際に私が実践したものばかりです。

食べる折り紙

動かす折り紙

『バラの折り紙　ツイストローズ』の本の文章にも書いたのですが、「訪れた『いばらの道』を折り紙を楽しみながら」乗り越えられました。

そして第三章は「おもてなし折り紙」です。

2020年は東京オリンピックの年です。折り紙を通して国際交流ができることを願って「おもてなし」作品を選びました。世界に誇れる「秘伝千羽鶴折形」もそうです。この研究の第一人者・岡村昌夫先生のところに、連鶴の愛好家から「秘伝千羽鶴折形を講習する中で、一番難しいのは『りんどう車』です」と言われ、岡村先生は「色分けりんどう車」を考えられました。本当に楽しく作品が出来上がります。ニック・ロビンソン（Nick Robinson）さんの作品は私の長年のイベントで紹介し、喜ばれています。

また、「銘々皿」（永田紀子さん創作）は、私の大好きな作品です。

第四章は「遊び心で楽しむ折り紙」です。

野島武敏先生、三谷純先生とのコラボ作品。そして、医療器具などに応用される折り紙（藤本修三先生創作の「なまこ」）の世界を、繁富(栗林)香織先生がやさしく解説して下さいました。

第三章、第四章にご協力いただいた先生方に心から感謝いたします。

それぞれのご家庭で、「折り紙で楽しいひととき」を過ごしていただければ幸せです。

2016年12月26日　　　　　　　　　　　　　　　　　　　　鈴木恵美子

おもてなし折り紙

遊び心で楽しむ折り紙

目　次

はじめに……2　　記号と基本的な折り……6

[口絵]

子どもの成長を願って……9／「え！ 食べる折り紙!?」ファミリーパーティーの話題もはずみます……10／母の日・父の日・バレンタインデー・バースデーを彩る……11／七夕・お盆等には食べられる笹の葉のお皿や舟型の器で……11／「きゅうりのちくわ巻き、おいしそうだね」「ウン、食べようか」……12／ツイストローズの壁かざり、開いてみると…「折りたたみ帽子」……13／お箸をとってから遊べる折り紙……14／一枚の紙に切り込みを入れて折る秘伝千羽鶴折形「妹背山」……15／モコモコ青虫と仲間たち……15／折り紙の銘々皿とあざらしのたまちゃんの箸袋……16／飾り棚には折り紙作品が似合います……17／楽しいファミリーパーティー「食べる折り紙よ」「おいちい」……18／ユニットボールから舞い降りるひらひら、くるくる……19／食べる折り紙「かぶと」「鳥」……20／動かす折り紙［羽ばたく鳥］［かっぱちゃん］［おしゃべりする象］［トコトコ愛ちゃん］……22／おもてなし折り紙［色分けりんどう車］……23／遊び心で楽しむ折り紙［なまこ］……24

魚の基本折り［舟］……32

第1章
食べる折り紙……25
「かぶと」から「器」まで

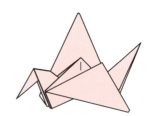

1. かぶと………26
2. ツイストローズ………27
3. 鳥、羽ばたく鳥………29
4. 笹の葉………30
5. 舟………30

第2章
動かす折り紙………33
「ひらひら」「くるくる」から「おしゃべりする象」まで

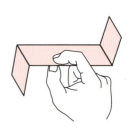

6. 2回折りのクルクル………34
7. 4回折りのひらひらちょうちょ………35
8. 無限大∞………36
9. ラビコプター………37
10. ツイストローズの風ぐるま………39
11. おしゃべりコップ………40
12. おしゃべり袋………42
13. モコモコ動く青虫………43

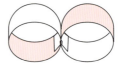

14. 走るねずみのみいちゃん………46
15. モーちゃん………48

16. 踊る龍の子タッチャン………51
17. パタパタにわとり………55
18. かっぱつに動くかっぱちゃん………57
19. おしゃべりする象………60
20. トコトコ愛ちゃん………63

第3章
おもてなし折り紙………67
「銘々皿」「ちょうちょの箸置き」など

21. 銘々皿（永田紀子 創作）………68
22. あざらし（タマちゃん）の箸袋………70
23. ちょうちょの箸置き………73
24. ひし形ユニットボール（ニック・ロビンソン 創作）………75
　　（A4 Rhombic Unit by Mr.Nick Robinson）
25. 合格（五角）鉛筆（箸置きにも）………77
26. 合格（五角）鉛筆の鉛筆ケース………79
27. 妹背山（秘伝千羽鶴折形）………82
28. 色分けりんどう車
　　（秘伝千羽鶴折形「りんどう車」より　工夫・指導：岡村昌夫）………85

第4章
遊び心で楽しむ折り紙………89
「折りたたみ帽子」「おどーるちゃん」「なまこ」など

29. なまこ（藤本修三 創作）………90
30. 折りたたみ帽子（野島武敏 創作）………93
31. おどーるちゃん（野島武敏 創作「巨大膜の巻き取り収納」から）………94
32. つなぎツイストローズの漢字・数字………95
　　（「夢」高智千鶴子 制作、「40」「50」（飯田敏子 設計）

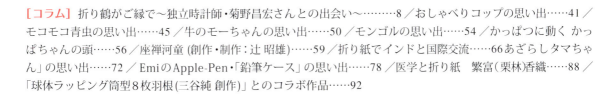

[コラム] 折り鶴がご縁で〜独立時計師・菊野昌宏さんとの出会い〜………8／おしゃべりコップの思い出……41／モコモコ青虫の思い出……45／牛のモーちゃんの思い出……50／モンゴルの思い出……54／かっぱつに動く かっぱちゃんの頭……56／座禅河童（創作・制作：辻 昭雄）……59／折り紙でインドと国際交流……66 あざらしタマちゃん」の思い出……72／EmiのApple-Pen・「鉛筆ケース」の思い出……78／医学と折り紙　繁富（栗林）香織……88／「球体ラッピング筒型8枚羽根（三谷純 創作）」とのコラボ作品……92

※創作者等を明記していない作品は鈴木恵美子の創作です。

記号と基本的な折り

本書で使用している記号と基本的な折りです。一部、参考用の折りもあります。

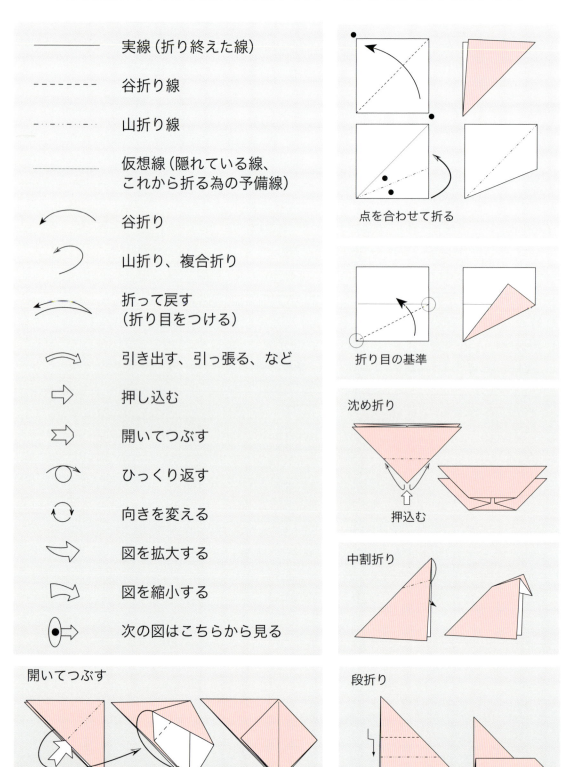

———	実線（折り終えた線）
- - - - -	谷折り線
-・-・-・-	山折り線
・・・・・	仮想線（隠れている線、これから折る為の予備線）
⤵	谷折り
⤴	山折り、複合折り
⟵	折って戻す（折り目をつける）
⤴	引き出す、引っ張る、など
⇨	押し込む
⇨	開いてつぶす
↻	ひっくり返す
↻	向きを変える
⇨	図を拡大する
⇨	図を縮小する
●⇨	次の図はこちらから見る

開いてつぶす

段折り

正方基本形から折鶴の基本形へ

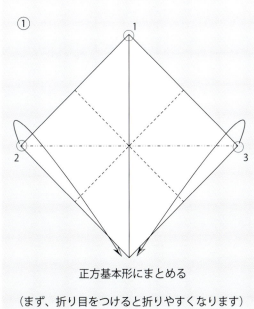

① 正方基本形にまとめる
（まず、折り目をつけると折りやすくなります）

② 途中図
③ 正方基本形
④ 開いてつぶす
⑤
⑥ 反対側も折る
⑦ 折鶴の基本形

風船の基本形

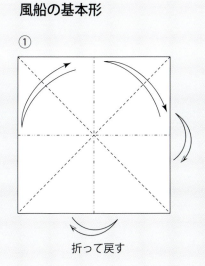

① 折って戻す

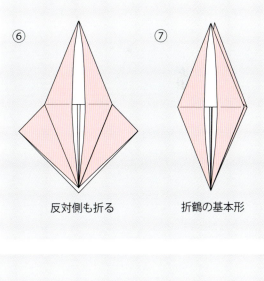

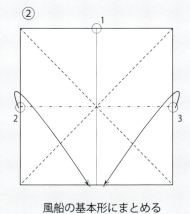

② 風船の基本形にまとめる

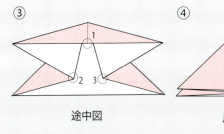

③ 途中図

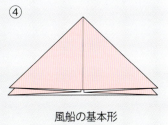

④ 風船の基本形

❤ 折り鶴がご縁で〜独立時計師・菊野昌宏さんとの出会い〜

　ある深夜、ドキュメンタリー番組のテレビをつけているものの、画面を見ることなく私は夢中で制作をしていました。

　急に画面から「折り鶴が羽ばたいて…」という一言で、「折り鶴？！」と、目を画面に向けました。

　なんと、腕時計の中の折り鶴が羽ばたいて「チンチン」と、時を知らせているのです。

　「なに？これは？！」と画面にくぎ付けになりました。「独立時計師」という職業も、その方が菊野昌宏さんということも初めて知りました。

襟につけたツイストローズがお似合いの
菊野昌宏さん

　折り鶴ファンとしては興味津々。どうして、時計の中に折り鶴を取り入れたのだろう。あのように精巧な時計をつくるのだから、きっと折り紙を趣味にしているに違いない。私は問い合わせをしました。

　菊野さんはご親切に私の質問に答えてくださいました。気分転換に訪れた箱根の宿の天井の折り鶴のシャンデリアを見て、ひらめいたとのことでした。丁度、箱根に行く時だったので、私は箱根のその宿、紫雲荘を訪れました。たくさんの折り鶴が天井から下がるシャンデリアは、見事でした。

　その後、菊野さんは近々、都内のデパートで展示会が開催されること、折り鶴時計は出展しないけれど持参して、見せてくださることを知らせてくださいました。

　いよいよ、開催が近づいたある日、「折り鶴時計も出展することにしました」と、菊野さんからご連絡を頂きました。ご親切に感謝して、お会いする日、私は箱を開けると立ち上がるツイストローズを持参しました。

　菊野さんはとても喜んで下さって、直ぐに箱からツイストローズを取りだし背広の襟のボタンホールに差してくださいました。そして、小さい頃から折り紙が好きだったこと、連鶴も折って、スイスの時計展の時には連鶴をディスプレイした事も教えくださいました。

　ご自分がお好きでなさっていた細かい作業が時計師としての道に繋がっていたのですね。菊野さんは会場でその後もツイストローズを襟にさしたまま、他のお客様とお話しされていましたが、それがとても、お似合いでした。

　私は、いろいろ、ご親切に教えてくださったお礼にツイストローズの本を差し上げました。菊野さんは奥様と、本をめくって「なるほど」とうなずいておられました。

　今までも折り紙を通してたくさんの素敵な出会いがありましたが、全く違う世界の方との出会いに心から感謝して会場を出ました。折り紙は人と人を結ぶ力があると感じながら。

子どもの成長を願って…

チーズ入りの食べる折り紙「かぶと」
(20・26頁に折り図)

「え!? 食べる折り紙!?」ファミリーパーティーの話題もはずみます

食べる折り紙「ツイストローズ」「鳥」
(27、29頁に折り図)

食べる折り紙「ツイストローズ」
（27頁に折り図）

「舟」（これは食べられません　31頁に折り図）

食べる折り紙「笹の葉」（30頁に折り図）　　　書き損じ和紙の織物：制作高橋澄子

母の日・父の日・バレンタインデー・バースデーを彩る

七夕・お盆等には食べられる笹の葉のお皿や舟型の器で

「きゅうりのちくわ巻き、おいしそうだね」「ウン、食べようか」

見ていると癒され、動かすと笑ってしまう「カッパちゃん」（57頁に折り図）

ツイストローズの壁かざり、開いてみると…「折りたたみ帽子」

「折りたたみ帽子」創作・野島武敏
(93頁図)

お箸をとってから遊べる折り紙

パタパタにわとり
（55頁に折り図）

ちょうちょの箸おき
（73頁に折り図）

合格（五角）鉛筆 箸おき
（77頁の折り図）

牛の箸おき（モーちゃん）
（48頁に折り図）

友好の鶴
(84頁参照)

妹背山
(82頁に折り図)

一枚の紙に切り込みを入れて折る秘伝千羽鶴折形「妹背山」

モコモコ青虫と仲間たち

モコモコ青虫

ねずみのみいちゃん
(46頁に折り図)

モコモコ青虫
(43頁に折り図)

龍の子タッチャン
(51頁に折り図)

折り紙の銘々皿とあざらしのタマちゃんの箸袋

銘々皿：永田紀子創作
（68頁に折り図）

箸袋「あざらしのタマちゃん」
（70頁に折り図）

おしゃべりする象
（60頁に折り図）

飾り棚には折り紙作品が似合います

おどーるちゃん
（94頁に展開図）

ツイストローズ付き
ひし形ユニットボール
（27、75頁に折り図）

ツイストローズのフラワーボール

ツイストローズの鉢飾り

17

楽しいファミリーパーティー「食べる折り紙よ」「おいちい」

「食べる折り紙で華やぐホームパーティ」

　子供が小さい頃、クッキーを焼きますね。親子で楽しく、いろいろな形を作って。「食べる折り紙」もその感覚です。

　材料は「春巻きの皮」（一辺約20㎝、正方形でない場合はカットして使用）や加熱せず食べられる大豆シートを使っています。

　「かぶと」「鳥」の中には、チーズ、ハム、ジャムなどを入れると美味しいです。「かぶと」の中にコロッケ、チキンライスを入れると膨らみが出てさらに豪華！「春巻きの皮」で折り鶴を作って油で揚げ、シナモンを振ってもおいしいです。写真の「花寿司」は食べられる花びら（エディブルフラワー）をあしらっています。

チョコ!?、いいえ、
つなぎツイストローズ

ひし形ユニットボール （ニック・ロビンソン創作）
(A4 Rhombic Unit by Mr. Nick Robinson、75頁に折り図)

1

2　　　3　　　4

ひし形ユニットボールの中に、下の動かす折紙「ひらひら　くるくる」を入れ、高く打ち上げます。すると、空中で分解したボールの中から「ひらひら　くるくる」がゆっくりと舞い降りてきて、歓声が上がります。

ユニットボールから舞い降りるひらひら、くるくる

動かす折り紙 ［ひらひら くるくる］

2回折りの
クルクル

4回折りの
ひらひらちょうちょ

無限大∞
クルクル

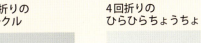

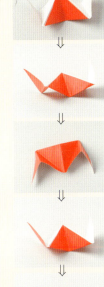
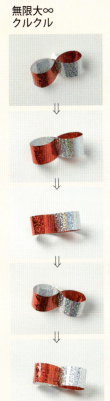

（34頁に折り図）　（35頁に折り図）　（36頁に折り図）

［おしゃべりコップ］

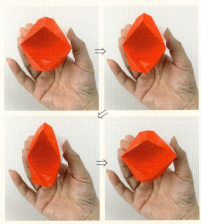

口がパクパク開きます（40頁に折り図）

食べる折り紙 [かぶと] （26頁に折り図）

材料：春巻きの皮　オーブントースターで焼く時ヤケドをしないよう注意しましょう。

できあがり

1
正方形の春巻きの皮を下から上へ半分に折る

2
右下のかどを上に折る

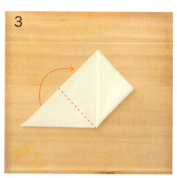
3
左下のかどを上に折る

4
下の角を上の角に合わせます

5
左も同じ要領で折ります

6
点線で斜めに折ります

7
点線で一枚だけ上に折ります

8
さらに、上に折り上げます

9
下の一枚をかぶとの中に折り込みます

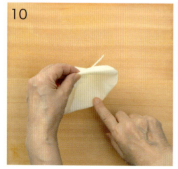
10
中に折り込んだ所

11
かぶと完成

12
三角に切ったチーズを奥まで入れます

[鳥]（29頁に折り図）

材料：J-オイルミルズの大豆シート　春巻きの皮のように折ることができます。
（食べるツイストローズも1〜7で折り「7」以降は27頁を参照）。

できあがり

1 やや長方形なので三角に折り料理用ハサミで切る

2 正方形にして上から下へ折り下げる

3 三角の右から左へ半分に折る

4 ポケットを開いてつぶす

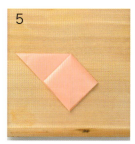
5 つぶして正方形にし裏返しする

6 裏返しし同じように開いてつぶす

7 ポケットを開いて鶴の羽根を折る

8 羽根を折ったら裏返す

9 同じように鶴の羽根を折る

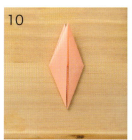
10 羽根を折ったところ

11 左側も中割り折りで尾を折り上げる

12 この尾の角度は羽ばたく鳥の角度

13 左側で首を折る

14 スライスチーズ、1/4カットを2枚用意

15 両方の羽根の中にチーズを入れる

16 できあがり

※J-オイルミルズの大豆シートは、基本的に通販のみの取扱いとなります（HPは巻末参照）。

動かす折り紙 [羽ばたく鳥]（29頁に折り図）

クリアファイルを使用して羽ばたく鳥を折る。オリンピックカラー5色の紙で鶴を折って、クリアファイル製の鳥に合わせて切り、中に入れます。「世界一美しい鳥・ケツァール」とそっくりな鳥ができあがります！

1 両手で引っ張りあう

3 戻ったりを繰り返す

4 紙の鳥よりパタパタと！

2 羽根が前に降りたり

[かっぱちゃん]（57頁に折り図）

牛久市には市民健康体操「かっぱつ体操」があります。それにちなんで、動きのあるかっぱちゃんを作りました。動かし方を変えるといろいろユーモラスな動きに癒されます。

1 強く押すと屈伸運動

2 おじぎをしてご挨拶

3 口の表情も変わって見え？

4 起立！した後、また屈伸！

[おしゃべりする象]（60頁に折り図）

「頑張って来たぞう！」「呼んでくれて嬉しかったぞう！」「講習、頑張るぞう！」と、象と語呂合わせして、おしゃべりしながらインドで紹介したら「通訳するの大変だぞう」。

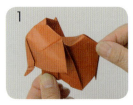
1 両手で前足とお尻を持って

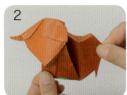
2 お尻を引っ張ると だんだん

3 鼻を持ち上げ、口もあいて

4 右手を緩めると元に戻る

[トコトコ愛ちゃん]（63頁に折り図）

雅子妃ご懐妊時に御安産を願って創作。男の子？女の子？どちらにも見えるスタイルに。3歳位の時でした。スキー場でこのスタイルで歩かれているお姿に大感激！でした。

1

2

3

4

5

6

1.後側のポケットに指を入れる　2.指を前後に動かす　3.トコトコ歩き始めます　4.ゆっくり歩いたり　5.早く動かせたり　6.トトロの歌に合わせて歩いたり

おもてなし折り紙 [色分けりんどう車] （85頁に折り図）

指導：岡村昌夫先生、折りステップ写真撮影・構成制作：鈴木恵美子。

1
二つ折りにした後、上から下へ二つ折りにする

2
紙の中心「(わ)」※から、下の開いている方向に斜めに谷折りする

3
「2」を折ったところ一度ひらく

4
「2」の谷折りに対し、交叉するよう山折りで十文字に折る

5
正方基本形から、鶴の基本形にする

6
開いて「1」にもどす

7
「わ」の方から半分まで切込みを入れてひらく

8
横の切込みに交叉するように縦に切込みを入れる

9
折りスジ通り、引き寄せる

10
「妹背山」(82頁)と同じ要領でまとめる

11
外側4ヶ所を細く折る

12
中割折りをしながら、折り上げる

13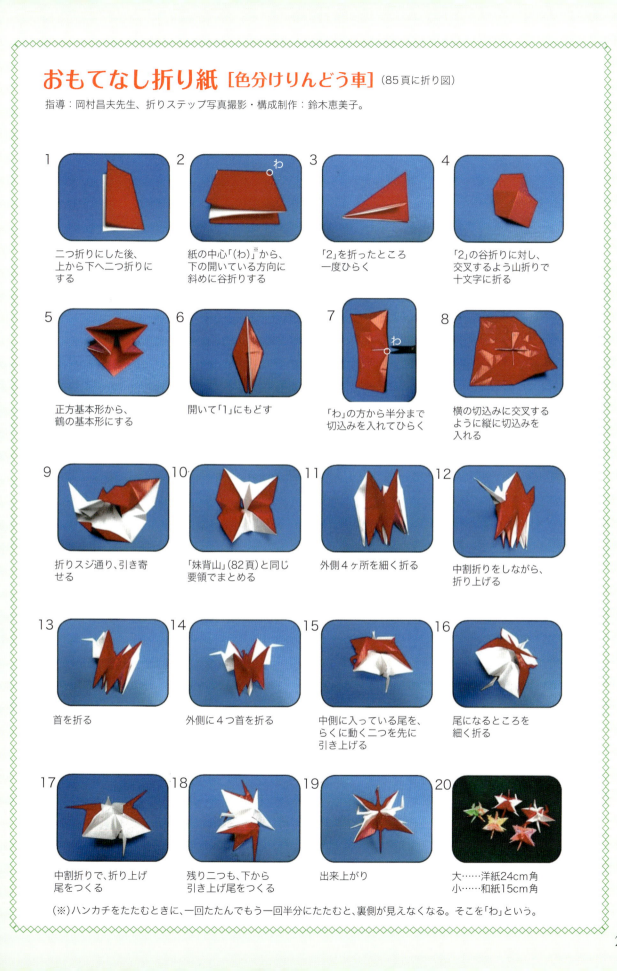
首を折る

14
外側に4つ首を折る

15
中側に入っている尾を、らくに動く二つを先に引き上げる

16
尾になるところを細く折る

17
中割折りで、折り上げ尾をつくる

18
残り二つも、下から引き上げ尾をつくる

19
出来上がり

20
大……洋紙24cm角
小……和紙15cm角

（※）ハンカチをたたむときに、一回たたんでもう一回半分にたたむと、裏側が見えなくなる。そこを「わ」という。

遊び心で楽しむ折り紙 [なまこ]

創作：藤本修三（90頁に折り図）

90-92頁に紹介している「なまこ」を折るコツです。初心者の方は折り線を見ただけで敬遠しがちですが、是非、根気よく挑戦して下さい。この「なまこ」の技法を医学の研究に使っている繁富（栗林）香織先生がやさしく解説して下さいました（88頁参照）。

1

裏側から指で押し表側でも同時に

2

折り筋をたぐりよせるようにする

3

順次、同じ要領で繰り返していく

4

時々裏側に返してみる

5

裏側からも折り筋をつまむ

6

表側に戻り、最後まで折りあげる

全部を折って立体化したら、左右両端の折り筋をいったん平らにのばし、紙テープ（巾12ミリ）を使い作品の裏側でつきあわせ、貼り付けて輪にする。

※ 紙テープ（医療補助テープ）はメーカーによって名前が異なる。薬局、ドラッグストアーなどで販売されている。

できあがり

「できあがり」からの変化を楽しめます

上下に指をあてて押すと、筒状態から球体に変化する！

だんだん円盤状に

第1章
食べる折り紙
「かぶと」から「器」まで

パーティーで喜ばれる食べる折り紙

1. かぶと

●材料：春巻きの皮　普通サイズ

「食べる折り紙 かぶと」出来上がり

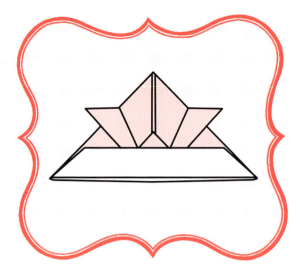

パーティーのテーブルに並べると、「えっ！これ、何?! 折り紙？ 食べられるの?!」と、驚かれ、食べた後は、「おいしい！」と口を揃えて喜ばれます。特に子供の行事のパーティーでは歓声があがります。紙で折り方をマスターしてから、春巻きの皮などで折ります。中にチーズやハム、コロッケ、チキンライスなどをはさみ、オーブントースターで焼きます。

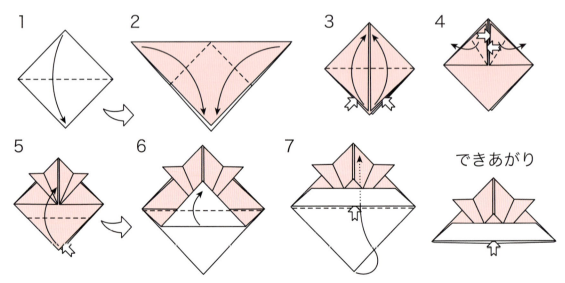

※正方形のスライスチーズやハムなどを三角形にカットして中に入れる。
※オーブントースターで焼くときは、最初、できあがり面を下にして焼くと、くわ形が熱で広がらない。

「食べる折り紙　ワンポイントアドバイス」
※オーブントースターの機種により、温度や上下の切替の有無がある為、各家庭の機種に合わせて練習が必要。
※トースターが熱くなっている為、ヤケドに注意！ 特に幼児の手が届かない所で焼く。
※「食べる折り紙」に使うピンセットなどの用具は「料理用」として別扱いにする。

🌹 2. ツイストローズ

●材料：春巻きの皮　普通サイズ　J-オイルミルズの「大豆シート」

「食べる折り紙 ツイストローズ」出来上がり

ツイストローズを「食べる折り紙」にする時は紙で折り方をマスターしてから
大豆シートで折ります。

用意するもの／春巻きの皮（焼く）、J-オイルミルズの「大豆シート」（そのまま食べれます）。
つまようじ、ピンセット、4本の上部を輪ゴムで束ねたもの。

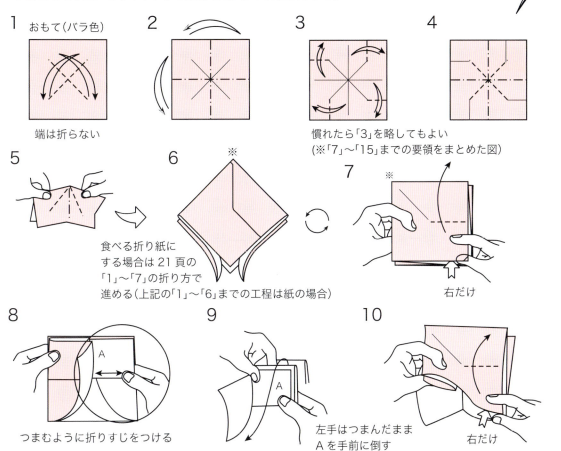

1　おもて（バラ色）
　　端は折らない

2

3　慣れたら「3」を略してもよい
　　（※「7」～「15」までの要領をまとめた図）

4

5

6　※
　　食べる折り紙に
　　する場合は21頁の
　　「1」～「7」の折り方で
　　進める（上記の「1」～「6」までの工程は紙の場合）

7　※
　　右だけ

8　つまむように折りすじをつける

9　左手はつまんだまま
　　Aを手前に倒す

10　右だけ

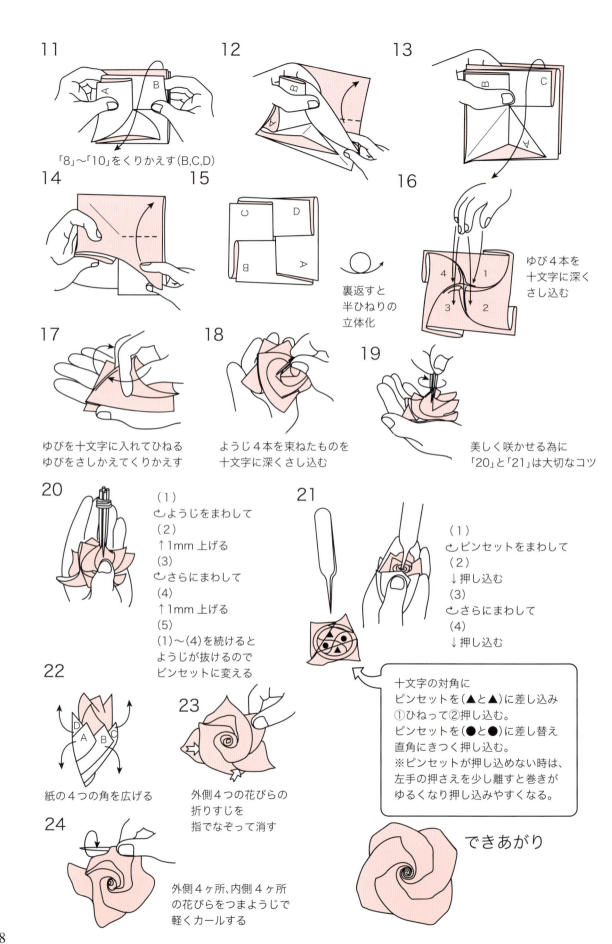

3. 鳥、羽ばたく鳥　●材料：春巻きの皮　普通サイズ

「食べる折り紙 鳥」出来上がり

この作品の鳥の形は「BOS(イギリス折り紙協会)」のマークの羽(の角度)を少し変えています。BOSは2016年、設立50周年を迎えた歴史ある協会です。イギリスには、折り紙で何回か訪れていますが、前回の訪問時にBOSのマークの(お盆大の)プレートを頂きました。BOSに食べる折り紙でご恩返しです。

「鳥」

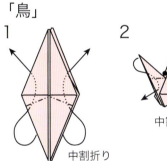

1　　　　　2　中割折り　　3　両方の羽にチーズをさしこむ　　できあがり

中割折り
[鶴の基本形]から

オーブントースターで焼くときは、できあがりの面を下にして焼くと羽が広がりすぎないので、きれいに仕上げる。

「羽ばたく鳥」(クリアファイル使用した応用例)食べる折り紙ではありません

1　　　　　2　首を折る　　3　羽を折る、うらも同じ　　できあがり

中割折り
[鶴の基本形]から

パタパタ

一回ゆびでサッと上に払うこれがコツ、角度がちょうど良くなる

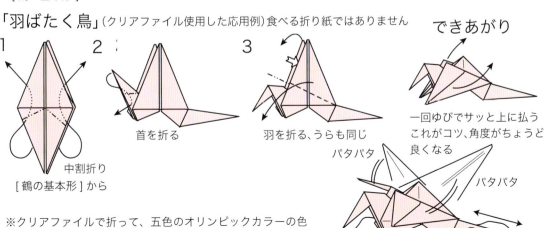

パタパタ　　パタパタ

※クリアファイルで折って、五色のオリンピックカラーの色紙を入れてカラフルに。22頁参照。
※紙よりクリアファイルで折った方が「パタパタ!!」と音を立てます。7羽つなげるとダイナミックにはばたきます。

🌸 4. 笹の葉（伝承作品より）

●材料：春巻きの皮
　　　　J-オイルミルズの「大豆シート」
　　　　（11頁写真）

🌸 5. 舟（伝承作品より）

●材料：春巻きの皮

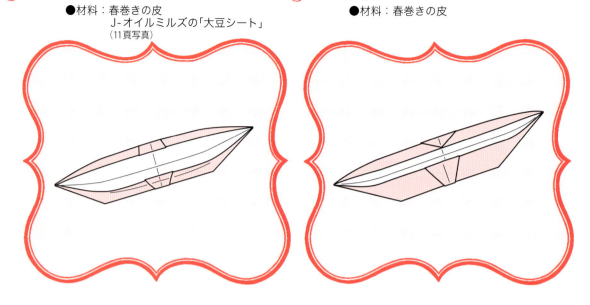

「笹の葉」

「食べる折り紙 笹の葉」出来上がり

七夕、お盆、法事など、笹の葉の出番は多くあります。大きく作って、
お花を飾ったり、細長い和菓子（鮒の形など）を入れたり、とても重宝します。

※魚の基本形の折り方は32頁［魚の基本折り］を参照ください。

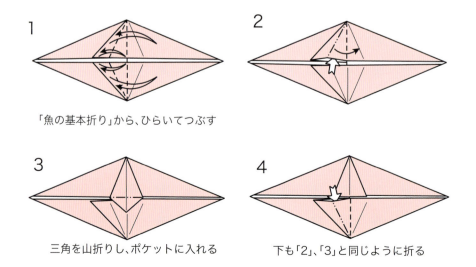

1　「魚の基本折り」から、ひらいてつぶす

2

3　三角を山折りし、ポケットに入れる

4　下も「2」、「3」と同じように折る

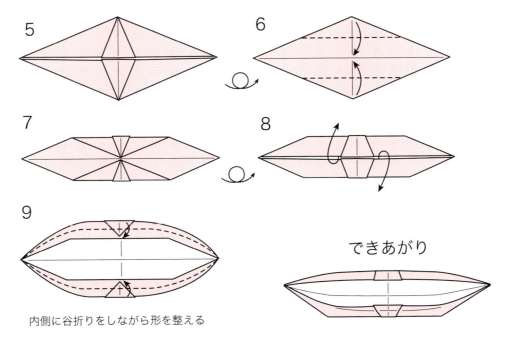

9 内側に谷折りをしながら形を整える

◎「笹の葉のお皿」も「舟形の器」も、しっかりした器にしたい場合は、ざぶとん折りをしてから折りはじめる。

「舟」

「食べる折り紙 舟」：出来上がり

笹の葉を深くしてあります。しっかりした紙で大きく作ると、花器、お菓子入れになります。しっかりした大きな紙が無い場合は、15cm角を4枚付き合わせで紙テープなどで貼りあわせて30cm角を作り、ざぶとん折りをしてから折ると、素敵な器ができあがります。11頁写真参照。

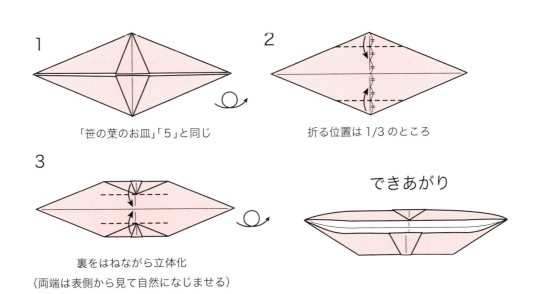

1 「笹の葉のお皿」「5」と同じ

2 折る位置は1/3のところ

3 裏をはねながら立体化
（両端は表側から見て自然になじませる）

魚の基本折り ●材料：J-オイルミルズの「大豆シート」[舟] ●春巻きの皮

お皿や器に盛ったお菓子、ポテトサラダ等と一緒に器も食べてしまうなんて、「ドッキリカメラ」の番組みたいで、楽しいですね。春巻きの皮はほぼ正方形ですが、J-オイルミルズ(大豆シート)はやや長方形です。

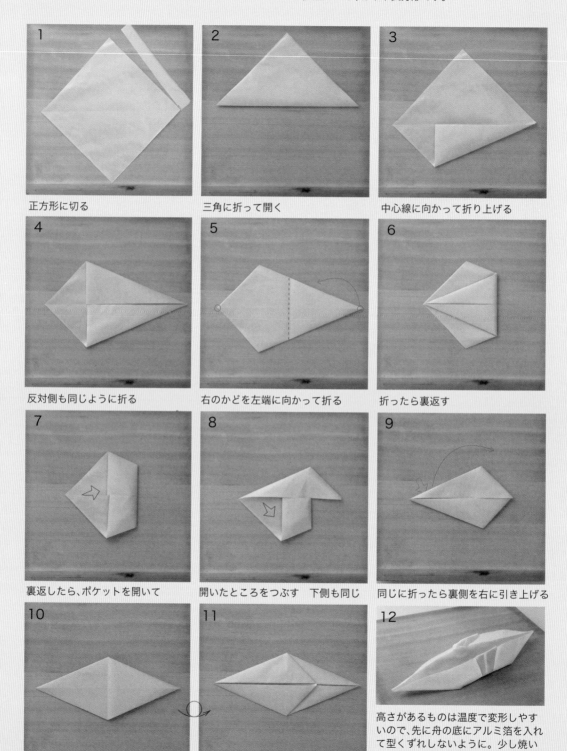

1 正方形に切る
2 三角に折って開く
3 中心線に向かって折り上げる
4 反対側も同じように折る
5 右のかどを左端に向かって折る
6 折ったら裏返す
7 裏返したら、ポケットを開いて
8 開いたところをつぶす　下側も同じ
9 同じに折ったら裏側を右に引き上げる
10 「9」を開いたところ
11 裏返すと、魚の基本形の出来上がり
12 高さがあるものは温度で変形しやすいので、先に舟の底にアルミ箔を入れて型くずれしないように。少し焼いてからアルミ箔を取り全面に焼き色をつける

第2章
動かす折り紙
「ひらひら」「くるくる」から「おしゃべりする象」まで

動かす折り紙はリハビリに役立ちます

6. 2回折りのクルクル　●用紙：15cm 正方形の1/6

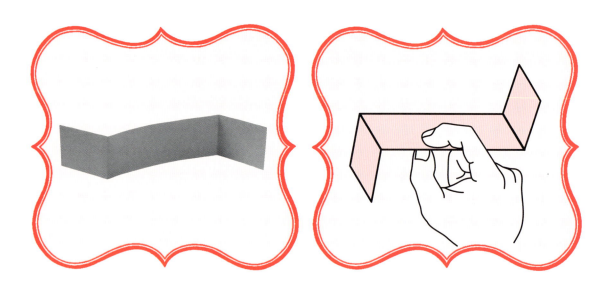

幼児教室で「山折り」「谷折り」を教え「2回折っただけで遊べます！」とやってみせると、すぐに「やりたい！と目を輝かせます。折りは一つの目安を示しています。子供と一緒にいろいろ「条件」を変えてみると「自由研究」に良いでしょう。

1

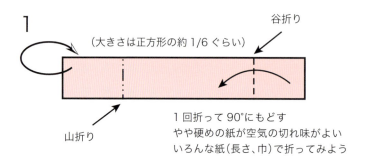

（大きさは正方形の約1/6ぐらい）
谷折り
山折り
1回折って90°にもどす
やや硬めの紙が空気の切れ味がよい
いろんな紙（長さ、巾）で折ってみよう

できあがり

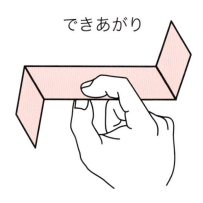

上にとばす
※スナップをきかせて飛ばすと空気を切るようになってクルクルとまわる

🌹 7. 4回折りのひらひらちょうちょ

●用紙：7.5cm 正方形を三角に 1/2 カット、もしくは 15cm の正方形の紙から、その四辺に内接する八角形を切ったあとの紙

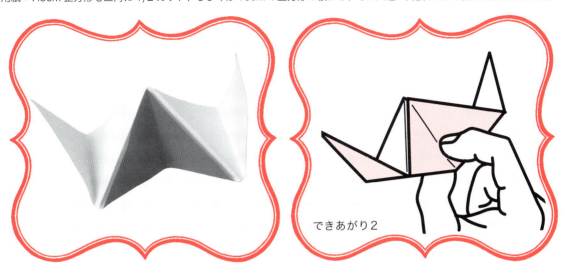

「2回折り紙」をリハビリ折り紙のステップ1とし、この作品は次のステップ2とした「4回折り紙」です。八角形に切り落とした後の三角形の紙を捨てないで、とっておくと直ぐに使えるので、とても、便利です。

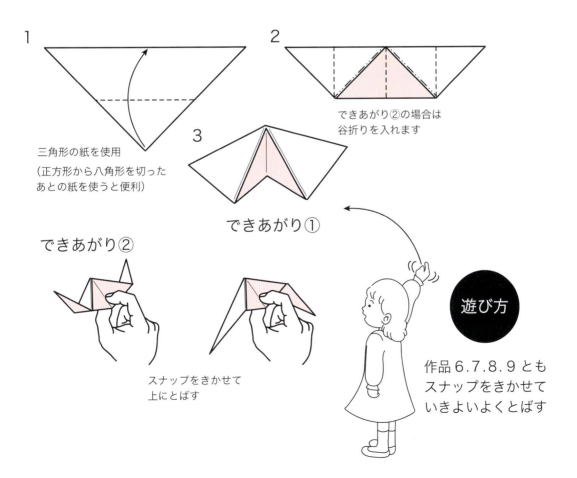

1
三角形の紙を使用
（正方形から八角形を切ったあとの紙を使うと便利）

2
できあがり②の場合は谷折りを入れます

3
できあがり①

できあがり②
スナップをきかせて上にとばす

遊び方
作品6.7.8.9ともスナップをきかせていきよいよくとばす

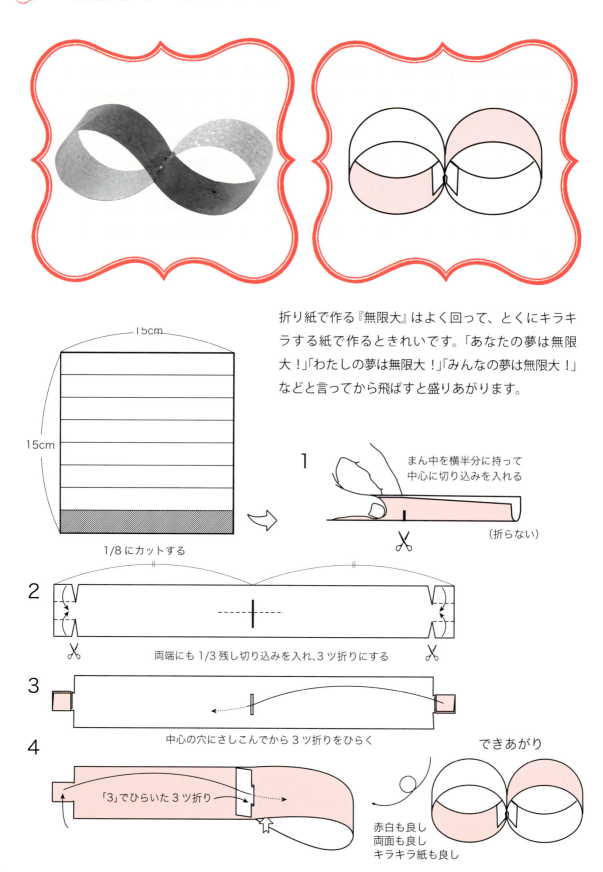

9. ラビコプター ●用紙：15cm 正方形の1/6

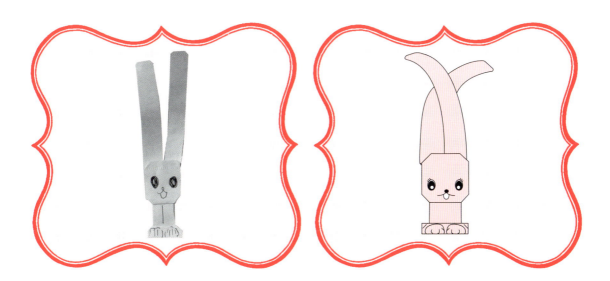

タケコプターのイメージでウサギの耳がその役割をしています。思いきり腕をあげて手首のスナップで飛ばした方がよく回りますので、上がらない腕を上げる練習にもなり、とても良いリハビリになりました。小さな子どもは2階から飛ばすとよいでしょう。クルクル飛ばない時は、いろいろ工夫して親子で「自由研究」にしてみて下さい。

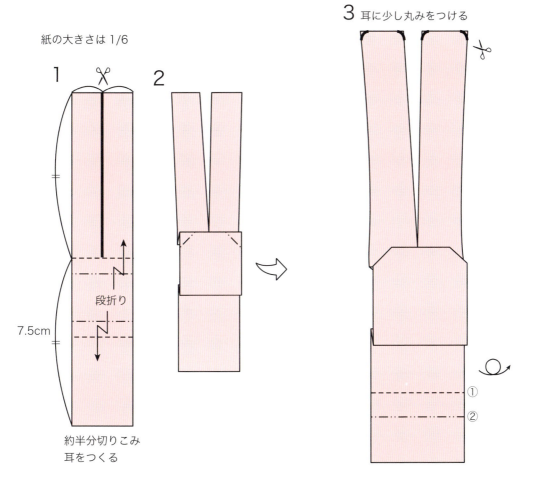

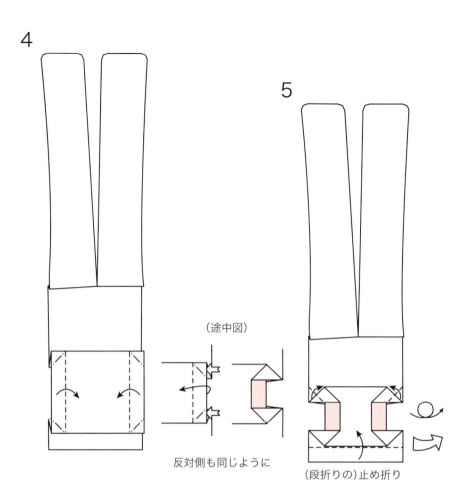

(途中図)

反対側も同じように

(段折りの)止め折り

できあがり

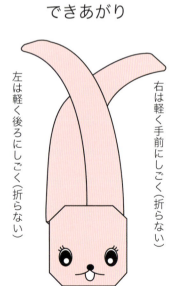

左は軽く後ろにしごく(折らない)

右は軽く手前にしごく(折らない)

足の角を山折りして顔、足を描く

遊び方

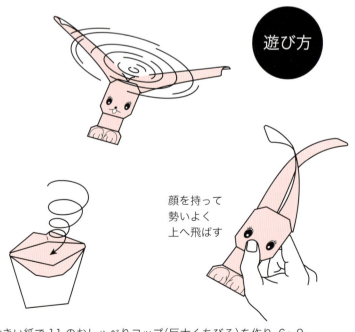

顔を持って勢いよく上へ飛ばす

大きい紙で 11 のおしゃべりコップ(巨大くちびる)を作り、6〜9 の作品を飛ばして片手で受け止めるのも楽しい。
なかなかキャッチできないので運動になり、足のリハビリになる。

🌹 10. ツイストローズの風ぐるま　　●用紙：7.5cm 正方形もしくは 15cm 正方形の1/4

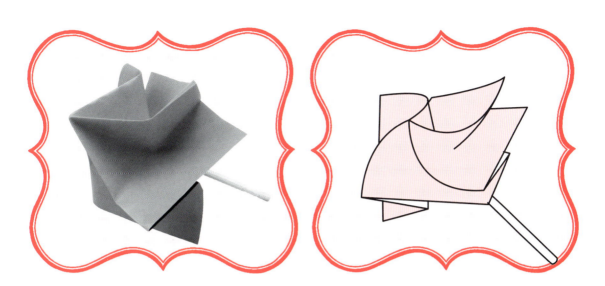

ツイストローズの工程の途中で、「かざぐるま」ができて喜ばれます。「ツイストローズのできあがり」とは異なります。

「2. ツイストローズ」のP28の折り図「15」の中心に「つまようじ」をさす

（7.5㎝角で折ったツイストローズ）

1

できあがり

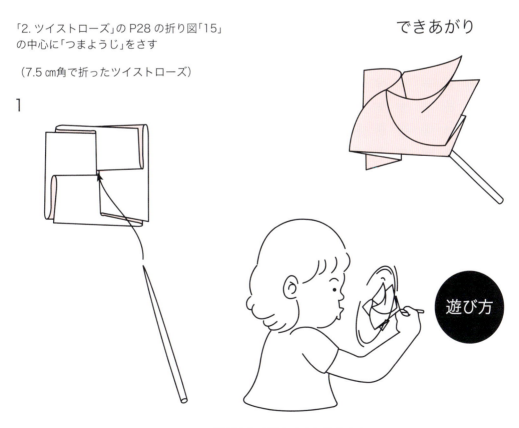

遊び方

目がまわる程よくまわります！
長く息を吹くことは、健康にも良いみたいですよ。

11. おしゃべりコップ ●用紙：15cm 正方形

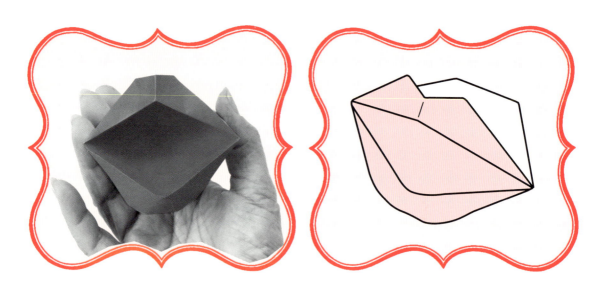

ドイツの折り紙協会10周年記念コンベンションから帰国する機内で、小柄な私は窓際の席、通路側は大柄な男性でした。なかなか客室乗務員さんを呼び止められず、とっさに「おしゃべりコップ」を思いつき、作品の口をパクパク動かしながら"I'm thirsty"（のどがかわいた）と伝えたところ大ウケでした。

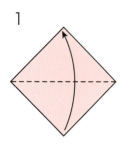

1

2 上の1枚だけ、三角の右辺と底辺を合わせて、左辺の折り目のところに2mmの印をつける

3 印をつけたところに向けて三角の右側を折る

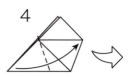

4 左側も同じように折る

5 折り筋をつける うらも同じ

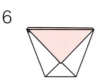

6 （伝承のコップになります）色付きの三角の部分を上に戻す

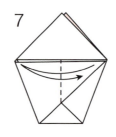

7 三角のところを折って、折り筋をつけて戻す

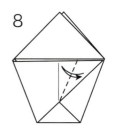

8 真ん中まで折り筋をつけて戻す

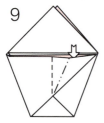

9 開いてつぶす

10 「9」でできた上の三角のうしろのポケットに入れる

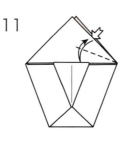

11 （▽があるほうが下くちびるになります）下くちびるを折るために、手前の1枚を真ん中まで折り筋をつけて戻す

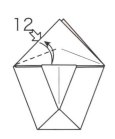
反対側も「11」と同様に折り筋をつける

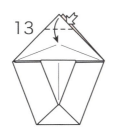
手前の1枚を交点まで折りさげる

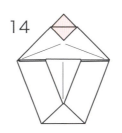
裏(上くちびる側)も、下くちびると同じように「11」～「13」を折る

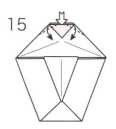
初めに下くちびるの角をちょっと折って丸みをつける
次に「11」と「12」でつけた筋で開き、コップ状にする

つまんで山折りする
上くちびるだけ、真ん中に山折りの筋をつける

できあがり

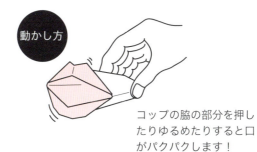
動かし方
コップの脇の部分を押したりゆるめたりすると口がパクパクします！

❤ おしゃべりコップの思い出

　この作品を創作して一番先に見ていただく機会があったのは折り紙の会合で前川淳氏。「おっ、これ良いですね」と、ほめて下さったことが懐かしい最初の思い出。その後、掲載された、月刊「おりがみ〈No.282〉」(日本折紙協会)に出た時は、朝日勇氏から「よい作品ですね。これは、絶対『伝承作品』になりますね」と、お電話を頂いたのが嬉しい思い出No.2。続いて、布施知子氏の『動くおりがみ』(誠文堂新光社)、川崎敏和氏の『博士の折り紙夢BOOK』(朝日出版社)に掲載され、最近では藤田浩子氏の依頼で『この本読んで・No.59』(出版文化産業振興財団)他、いろいろな本に掲載されました。
　エピソードも一番多く、中でも印象に残っているのは社会教育団体の指導者研修でフイリピンを訪れ、学費援助している男の子と対面したとき。その男の子は恥ずかしがりやで、緊張して顔がこわばっていました。何とか笑わせようと急いで75ミリ角でこの「おしゃべりコップ」を作り、自分の唇で挟み「Hello!」と言ったとたん、可愛い笑顔が生まれました。この原稿を書いている時、懐かしくなって唇で作品を挟んで夫に「有難う」と言ったらギョッとして、「マスクの下にその唇を隠していて、マスクをバッ！とはずしたらビックリするだろうな」と言いました。今度、やってみよう。

🌹 12. おしゃべり袋　●用紙：15cm 正方形

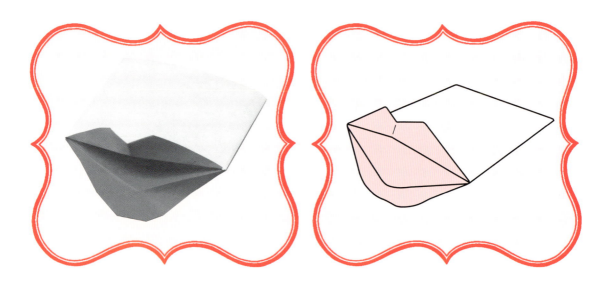

「おしゃべりシリーズ」の1つで「おしゃべりコップ」と、同時期にうまれました。手早くサッとでき、「時短折り紙」として人気があります。

「おしゃべりコップ」より折り工程が少ないので、急いで使いたい時には便利です。

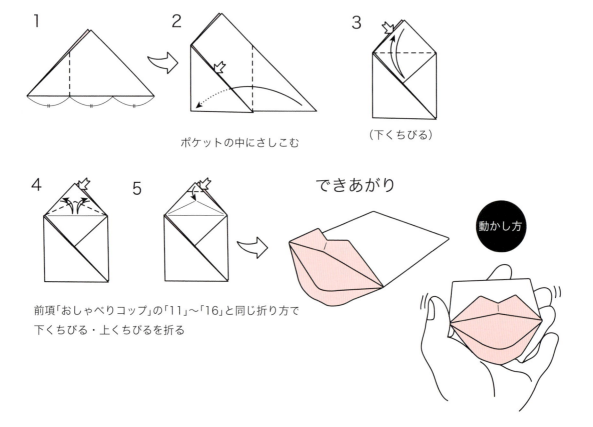

2 ポケットの中にさしこむ

3 （下くちびる）

5 前項「おしゃべりコップ」の「11」〜「16」と同じ折り方で下くちびる・上くちびるを折る

できあがり

動かし方

13. モコモコ動く青虫

●用紙：15cm 正方形 10~15枚
（口絵写真は 7.5cm 正方形で作成）

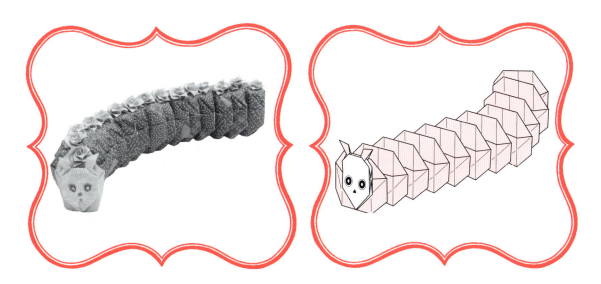

小さく手のひらサイズに作れば、どこでも、持ち歩きができ、ぐずった子供がいた時など大活躍。モコモコ動かして見せると、直ぐに上機嫌になります。大きく作ると大会場でパフォーマンスに喜ばれます。

青虫を両手で持つと、アコーディオンのような動きかた！ハイハイさせるように押すとモコモコと進むので、子供たちは大喜びします（顔を作らないで前後をつなげるとリング型「水車」になります!!）。紙のサイズは 15cm を基準に、あとはお好みで。

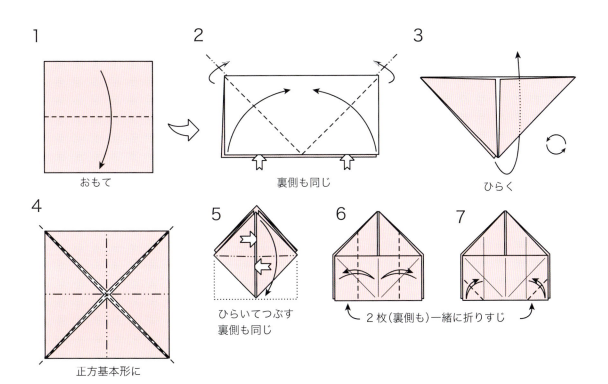

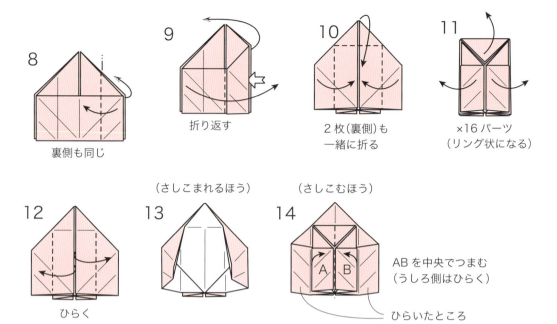

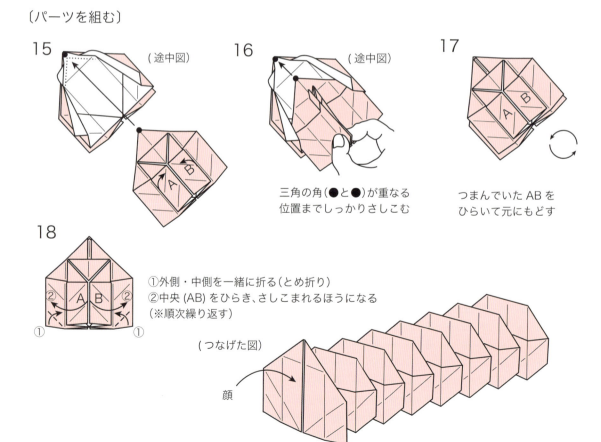

〔頭を作る〕

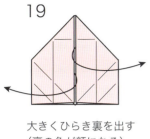

19
大きくひらき裏を出す
（裏の色が顔になる）
※2番目のパーツから離れても、
顔を折り上げてから接続可能

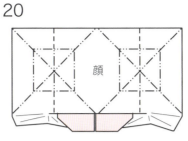

20
顔の両横は沈め折り

21 （途中図）
触覚

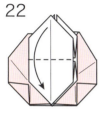

22
たおす

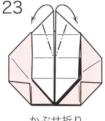

23
かぶせ折り

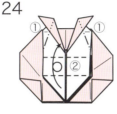

24

25

26
目を描く

できあがり

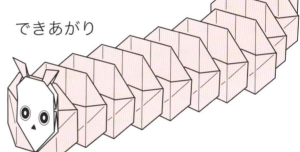

 モコモコ青虫の思い出

　この作品をアメリカで展示したとき、Y氏から「これイイ!!　僕の青虫より、ずっとイイよ。すぐに、アメリカにいる間に、E氏に送りなさいよ。絶対に気に入ってくれるよ！」と、言われました。
　E氏は、有名な絵本作家、彼の有名な絵本は、世界中で読まれているベストセラーです。ホームステイ先のM氏は、早速、調べてくれました。直ぐにお手紙を入れて小包で送ったところ、お返事がきました。「とても気に入りました。何も恐れることはありません。自分のキャラクターを折り紙作品や折り図にして掲載したいときはいつでもお便りを下さい」と。私はとても嬉しく思いましたが、あまりにも有名な作家と、その絵本。たとえ、私がお断りしても、1度その名前で広まってしまったら、そこから先の無断使用を防げません。私はE氏が気に入ってくれたことは嬉しく、とても光栄に思いましたが、その絵本の使用は封印しました。
　この作品を見て、絵本のような、配色にしたいと思われるかも知れませんが、作家の許可なく似せた物を作ったり、広めたりすると、後で大変な問題になります。絶対に無断使用はダメですよ。きちんと使用目的を言って、許可を貰う必要があります。無許可で使用すると莫大な出費をしなくてはならなくなります。

🌹 14. 走るねずみのみいちゃん　　●用紙：15cm 正方形の1/2

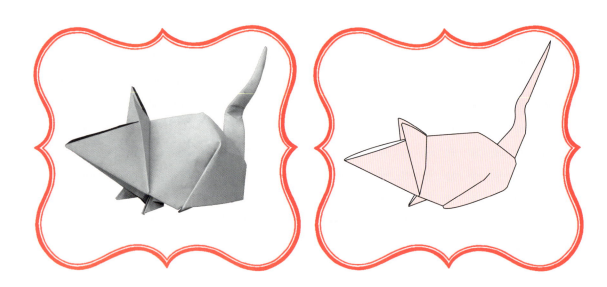

2020年の東京オリンピックは「子年(ねずみ)」です。今から、オリンピックカラーでたくさんのねずみを折って「おもてなし」の心を形で表しましょう。お腹の中にビー玉を入れると走ります。

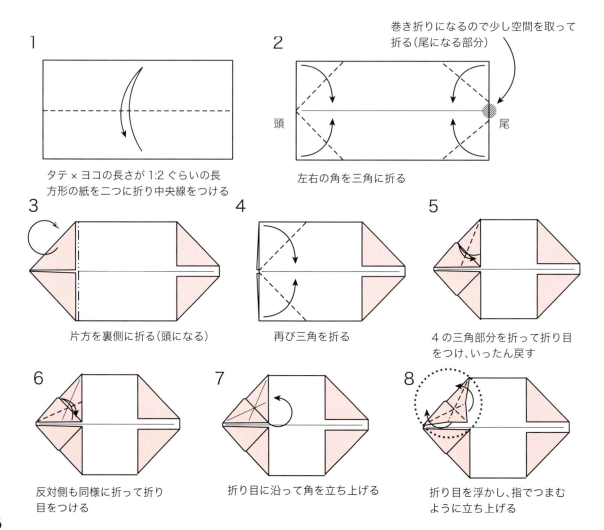

1　タテ×ヨコの長さが1:2ぐらいの長方形の紙を二つに折り中央線をつける

2　左右の角を三角に折る（巻き折りになるので少し空間を取って折る（尾になる部分））　頭／尾

3　片方を裏側に折る（頭になる）

4　再び三角を折る

5　4の三角部分を折って折り目をつけ、いったん戻す

6　反対側も同様に折って折り目をつける

7　折り目に沿って角を立ち上げる

8　折り目を浮かし、指でつまむように立ち上げる

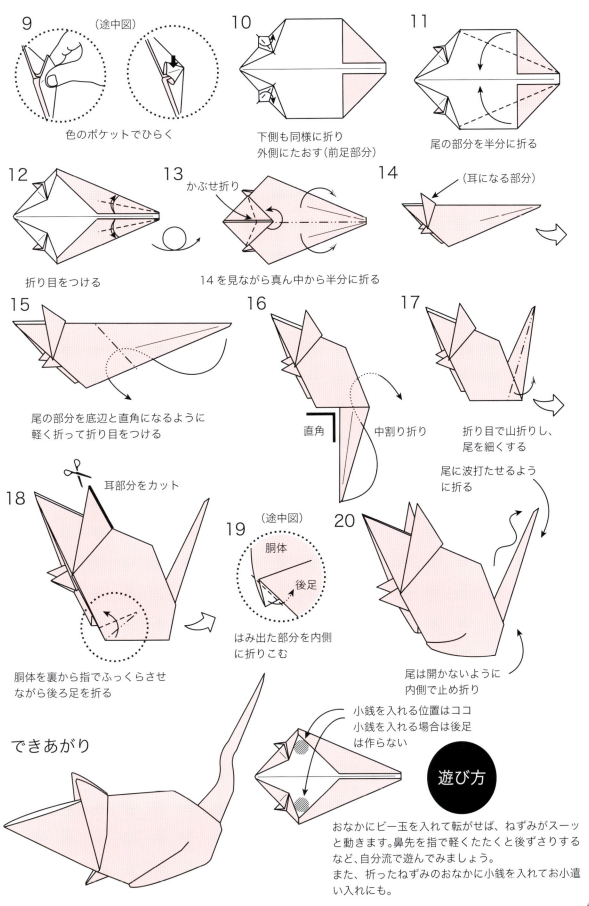

🌸 15. モーちゃん　●用紙：15cm 正方形の1/2

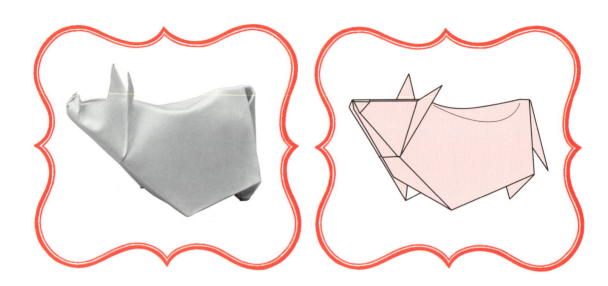

交通事故防止対策として、私は宝くじのハズレ券で、このモーちゃんを作って車内に入れてあります。「モー当たらない」のおまじないです。最近、都内の渋滞道路で後から追突されました。友人にプレゼントをした後で、車内にモーちゃんを補充していない時でした。「Oh no! Oh moh!」

1:2 の紙を使用

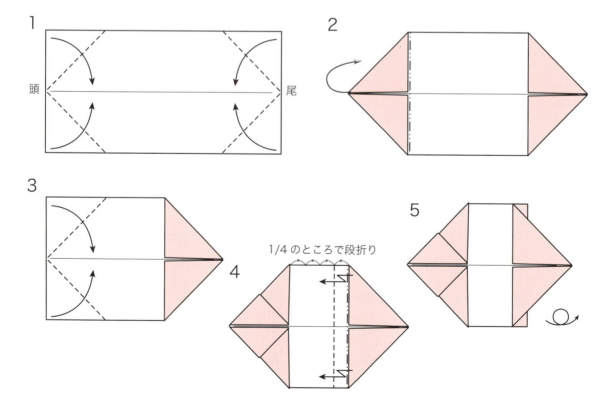

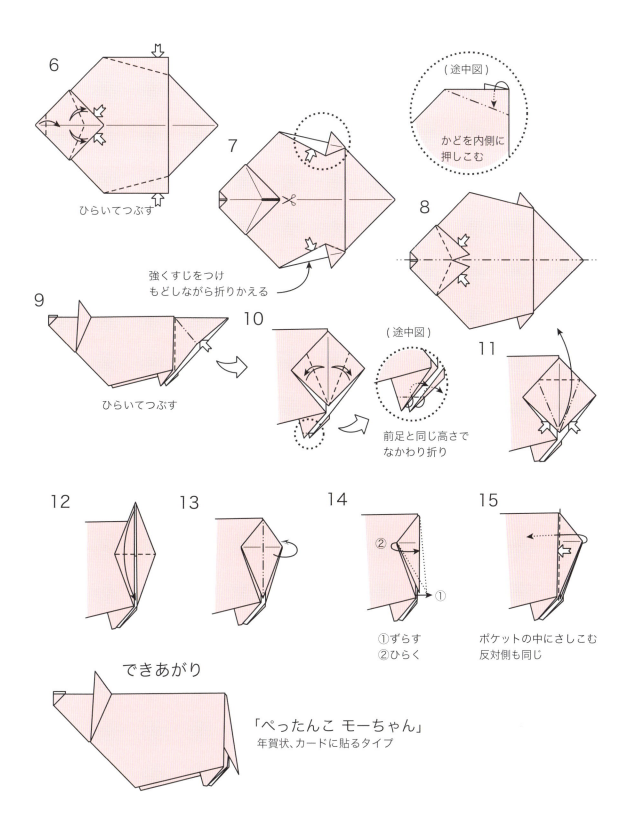

「箸置きモーちゃん」

貼るタイプの前項「ぺったんこモーちゃん」から変化させる（48頁の「4」をひらいたところからスタート）

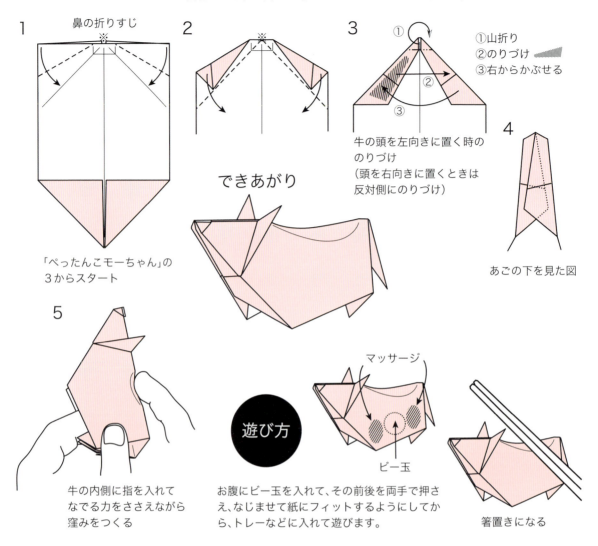

牛のモーちゃんの思い出

　折り紙仲間のNさんは、この作品がお気に入りで、折った写真をたくさん送って下さいました。

　私は直ぐにお礼の電話をすると、「主人は、折り紙の作品を評価する人ではないんだけど『この牛の形はいいねー、うちの磁器の牛とそっくりだ』と言って気に入ったのよ」と、教えて下さいました。私はとても嬉しくて、淋しいお正月が癒されました（前年の夏、夫の母が亡くなって喪中でした）。

　私はNさんのご了解を頂いて磁器と同じ折り紙の牛が並んだその写真を使わせて頂いて、寒中お見舞い状を作りました。平成21年の丑年のことです。

🌸 16. 踊る龍の子タッチャン　●用紙：30cm 正方形

干支の龍（辰）だけが空想動物と言われているからではないですが、イメージで折りました。背中の窪みがお菓子入れになります。また、両横のポケットに下から指を入れて指を動かすと、首が伸びたり縮んだりして踊っているようです。

一辺 30cm で折るとお菓子入れに、7.5 ㎝で折るとストラップになります。
頭に切り込みを入れるやり方は、古くは奥田光雄氏に教わりました。また、尻尾（しっぽ）の折りも多くの先人たちが取り入れていますので、目新しい技法ではありませんが、「お菓子入れ」「ストラップ」として作り、紹介したところ大変好評で「折り図が欲しい」とリクエストが多いので紹介いたします。15cm の「おりがみ」で練習してから、模様入りの紙で仕上げてください。

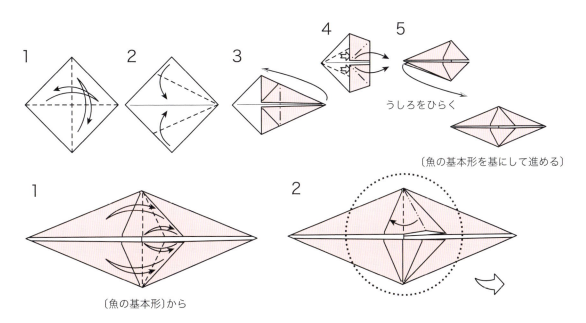

うしろをひらく

〔魚の基本形を基にして進める〕

〔魚の基本形〕から

51

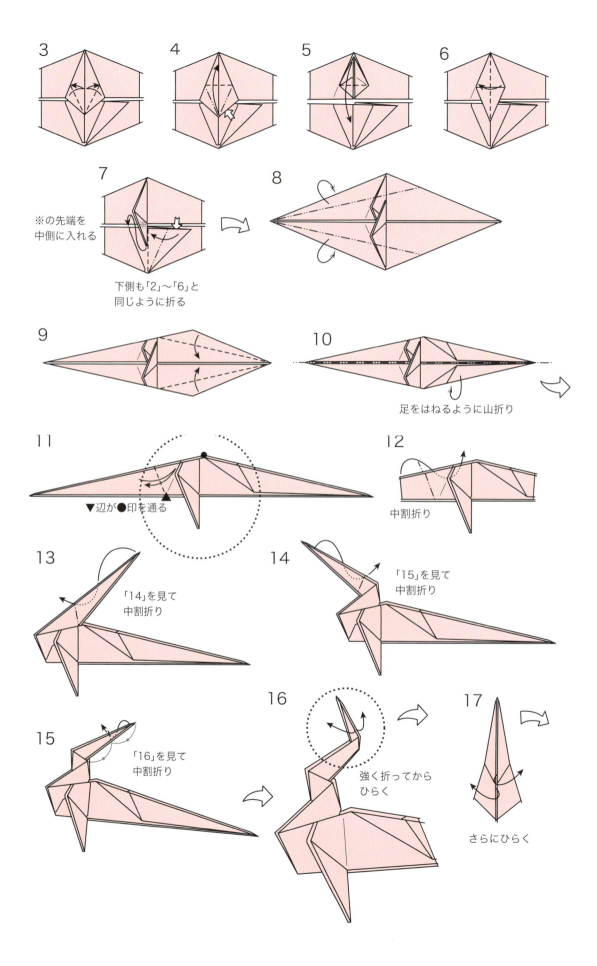

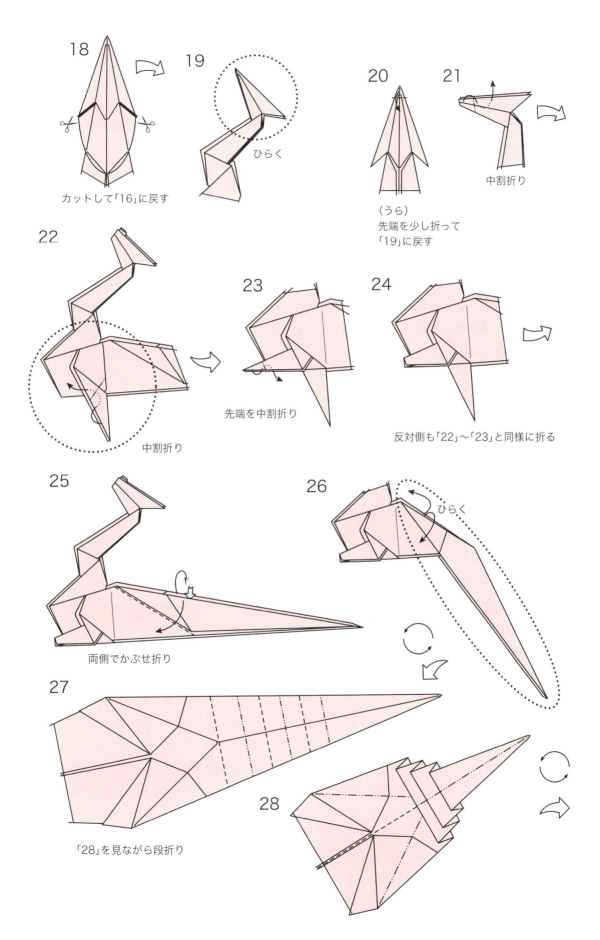

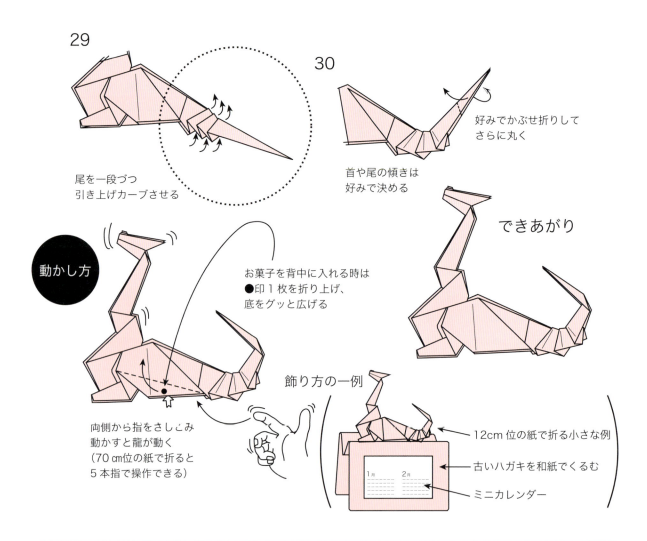

♥ モンゴルの思い出

　日本折紙協会のメンバーで訪れたモンゴルの展示会場は、とても、賑やかでした。親日的な方が多く、日本での折り紙シンポジウムにいらした時に、私の講習を受けた方々が「バラの先生」が来たと、また、集まって受講してくれました。

　モンゴルでの展示作品の中に「龍の子タッチャン」と「折り鶴」を1枚の紙に切り込みを入れて折った作品を展示しました。モンゴル出身の「鶴竜関」が丁度、大関昇進したあとでしたので、大使夫人がとても喜んでお話して下さいました。

　「鈴木さんの事はバラで有名で存じています」と、おっしゃったので、ツイストローズの小さいブローチを差し上げました。グレーのスーツの胸に赤いバラがとてもよくお似合いでした。

　鶴竜関にも作品「鶴竜」（鶴と竜の折り紙作品）を差し上げたご縁で横綱昇進披露宴にも、ご招待頂いたり、毎場所、番付表を送って頂いて、何かこれで大作が出来ないかなぁと思い続けています。

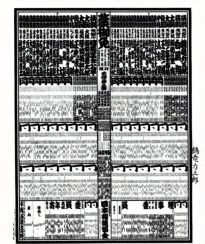

17. パタパタ にわとり ●用紙：15cm 正方形1枚（赤白）

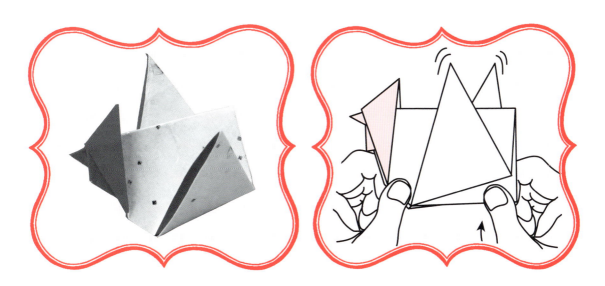

にわとりの作品の多くは、この形が発表されていますので目新しい形の作品ではありませんが、私はまず、「動かして遊べる作品」を考えました。

直ぐに出来ましたが、嘴と肉髯（にくぜん）をつけるために不切1枚折りにこだわらないで切り取って作ろう！と、思い付きました。羽ばたかせながらおしゃべりを楽しめる作品にしました。

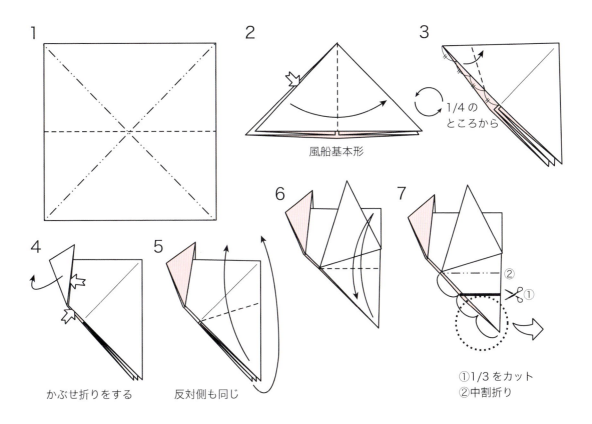

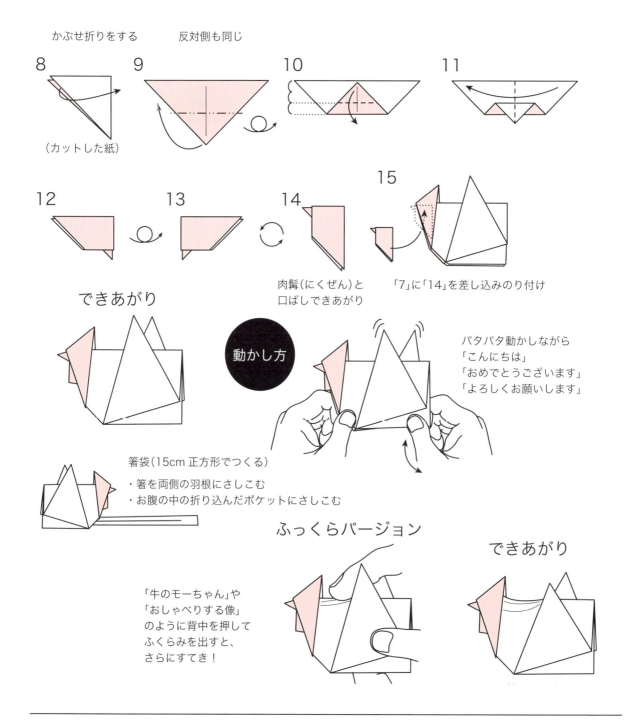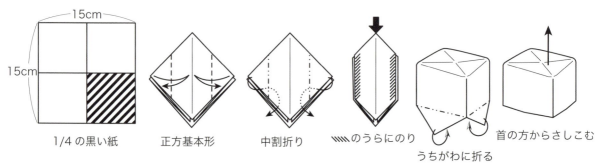

18. かっぱつに動くかっぱちゃん

●用紙：15cm 正方形（黄緑）
15cm（黒）の1/4

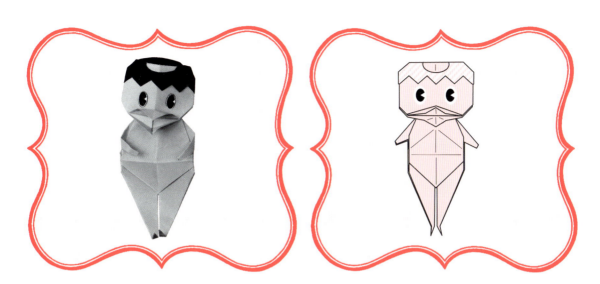

茨城県牛久市のシンボルキャラクターは牛久沼の伝説から「カッパのキューちゃん」です。牛久に住んだ有名な小川芋銭(うせん)画伯が描いたかっぱの絵と違い、キューちゃんはふっくら顔をしています。コミュニティバスのボディーに描かれたり、マンホールの蓋に描かれていてテレビでも紹介をされました。

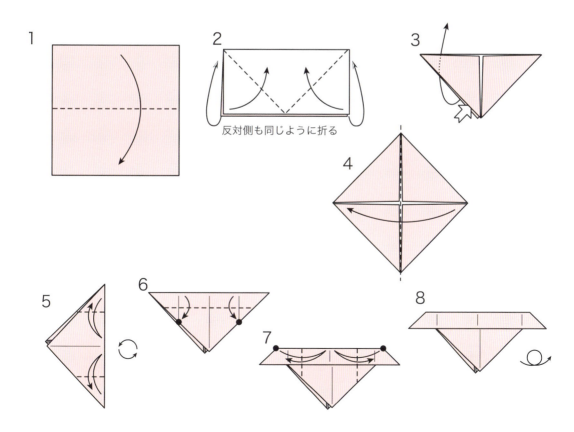

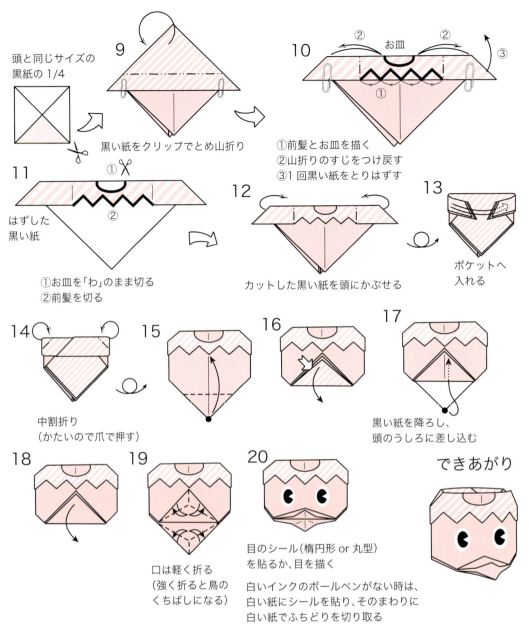

〔カッパちゃんの体〕

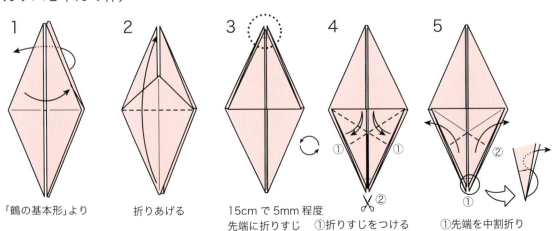

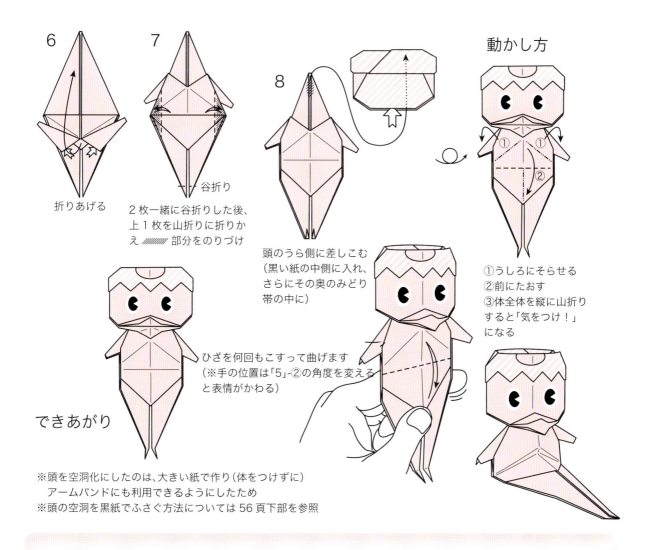

座禅河童 (創作・制作：辻 昭雄)

　辻先生の奥様から、「座禅河童を持っているのは鈴木さんだけよ。家にも無いの」と、お聞きしたのは、先生が亡くなられて、何年も経ったご命日でした。私はあまりの驚きで、言葉を失いました。

　毎年、ご命日には、先生との思い出話をしていますが、ある年の展示会で、「先生の座禅河童を展示させて頂いて、とても光栄でした。そのあと、先生が作品を下さって、本当に光栄でした」と、お話をしたときに、奥様がそれまで、私におっしゃらなかったことを初めて明かして下さいました。

　驚いて「存じませんでした！ お返し致します」と、申し上げると「主人は鈴木さんに持っていていただきたかったのよ。ずっと、持っていて欲しいの」と、私の申し出を断られました。

　世界に1つしか無い作品をどのようにしたら皆さんに知っていただけるか長い間考えた末、今回の本に掲載させて頂きたいと思いました。天国で、先生も喜んで下さっていると思います。

19. おしゃべりする象 ●用紙：15cm〜25cm 正方形

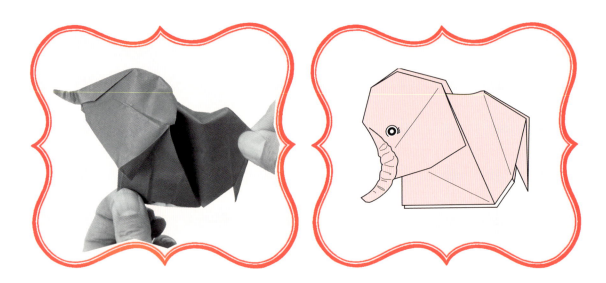

私の教室生の中に40年間、動物園で象の飼育を担当していた方がいて、「象の尻尾を長くして下さい」と言われました。リアルに作ると工程数が多くなり、複雑化します。私の大好きな星野重正氏の「鼻を持ち上げる象」と、Paul Jackson（ポール・ジャクソン）氏のBarking Dog（吠える犬）をミックスした感じになりました。それに「Emi（私）流」の折りの目安と象らしさを加え、「おしゃべりする象」Chattering elephant「Emix elephant」としました。

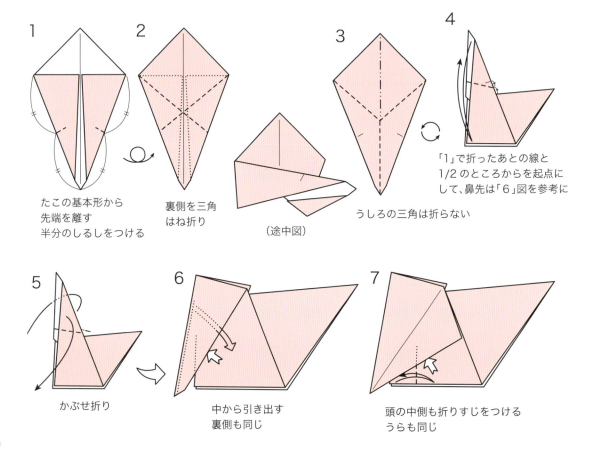

1 たこの基本形から先端を離す 半分のしるしをつける

2 裏側を三角はね折り

3 （途中図） うしろの三角は折らない

4 「1」で折ったあとの線と1/2のところからを起点にして、鼻先は「6」図を参考に

5 かぶせ折り

6 中から引き出す 裏側も同じ

7 頭の中側も折りすじをつける うらも同じ

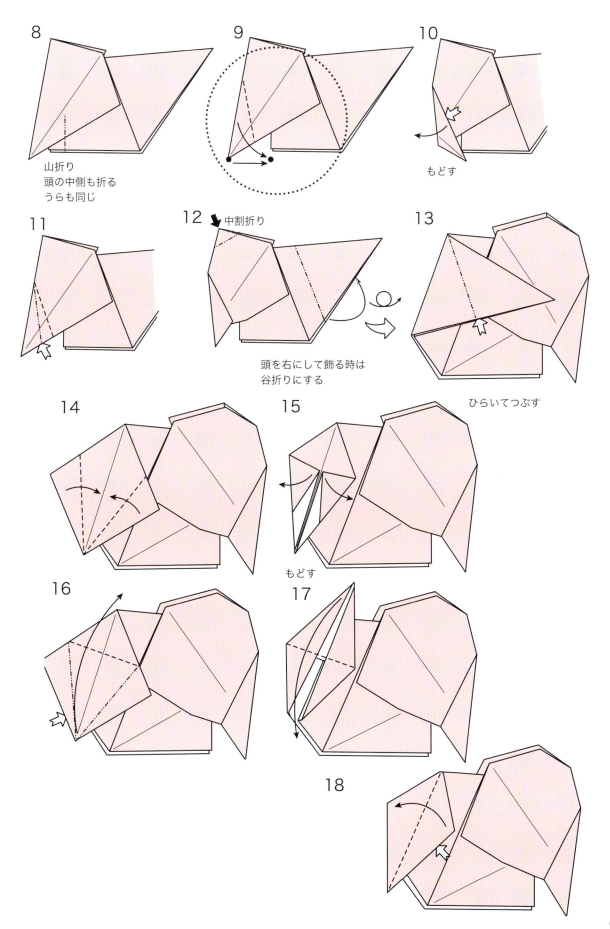

19

少しひっぱる

鼻のカドを少し折る

20

背中を少し窪ませ、ふくらみをもたせる

21 鼻を横向きにして
両手のツメでシワをつくりながら
鼻をカーブさせる

22

目を描く（シールを貼る。15cm角の紙で5mmのシール）
（正面から見て左右の目のバランスに気をつける）

できあがり①

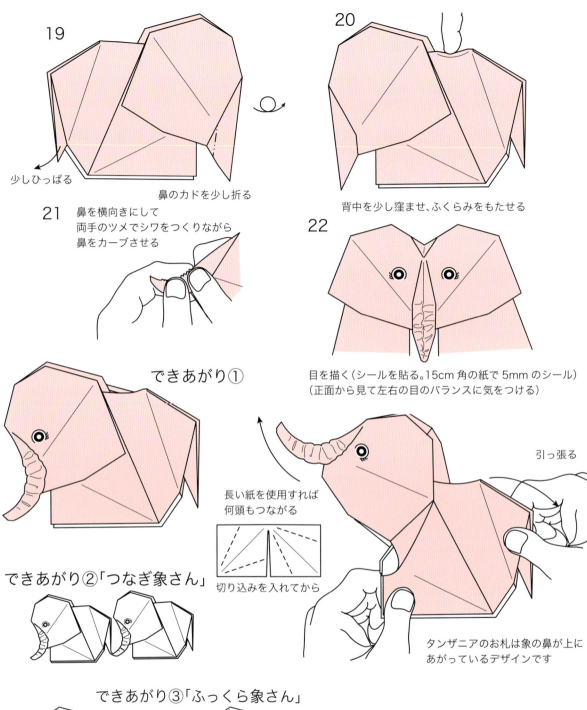

長い紙を使用すれば
何頭もつながる

切り込みを入れてから

引っ張る

タンザニアのお札は象の鼻が上に
あがっているデザインです

できあがり②「つなぎ象さん」

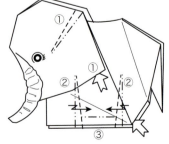

できあがり③「ふっくら象さん」

①頭にふくらみを出す
②前足・後足・体にふくらみを出す
③山折りして、足の段折りの止め折り

体の中にゆびを入れ
ふくらませる
段折り（うら側も同じ）

自分やお友達をふるいたたせる時は「がんばるぞう！」、一生懸命努力した時は「がんばったぞう」と、おしゃべりさせながら動かして下さい。

20. トコトコ愛ちゃん

●用紙：30 正方形 メッシュと紙 各々1枚ずつ

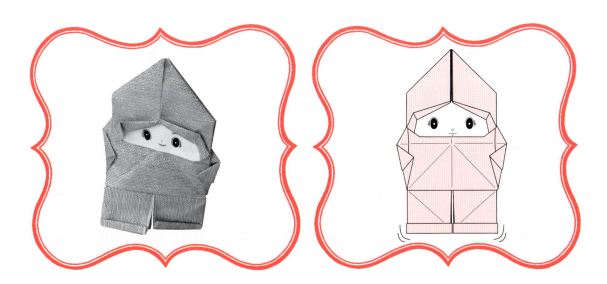

雅子妃がご懐妊された時にご安産を願い、「男の子でも、女の子でも、ご無事に」と言う思いで両方に見えるように帽子を被ったお人形を作りました。お誕生と共にお名前も決まり、晴れてお人形も「愛ちゃん」に。3、4歳の頃でしたか、スキー場でこのお人形と同じスタイルでトコトコ歩いていらしたのをテレビの画面で拝見。「同じスタイル！」と、思わず嬉しさで一杯になりました。

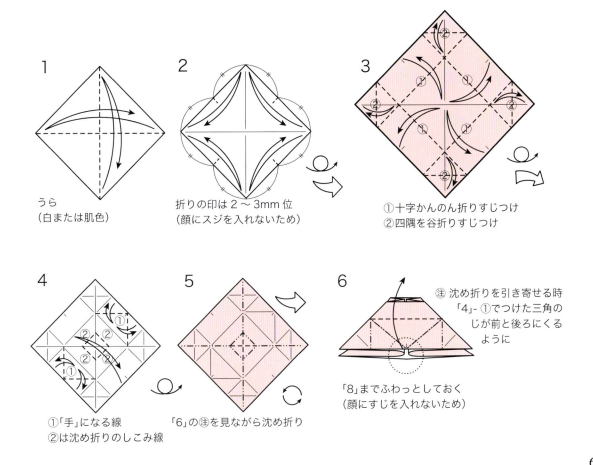

1
うら
（白または肌色）

2
折りの印は2〜3mm位
（顔にスジを入れないため）

3
①十字かんのん折りすじつけ
②四隅を谷折りすじつけ

4
①「手」になる線
②は沈め折りのしこみ線

5
「6」の注を見ながら沈め折り

6
注 沈め折りを引き寄せる時「4」-①でつけた三角のじが前と後ろにくるように

「8」までふわっとしておく
（顔にすじを入れないため）

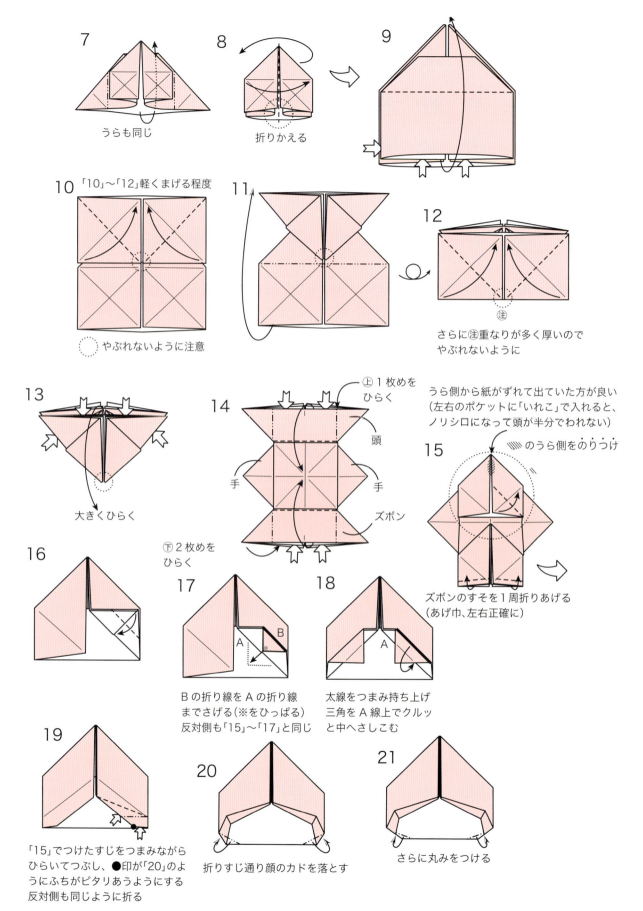

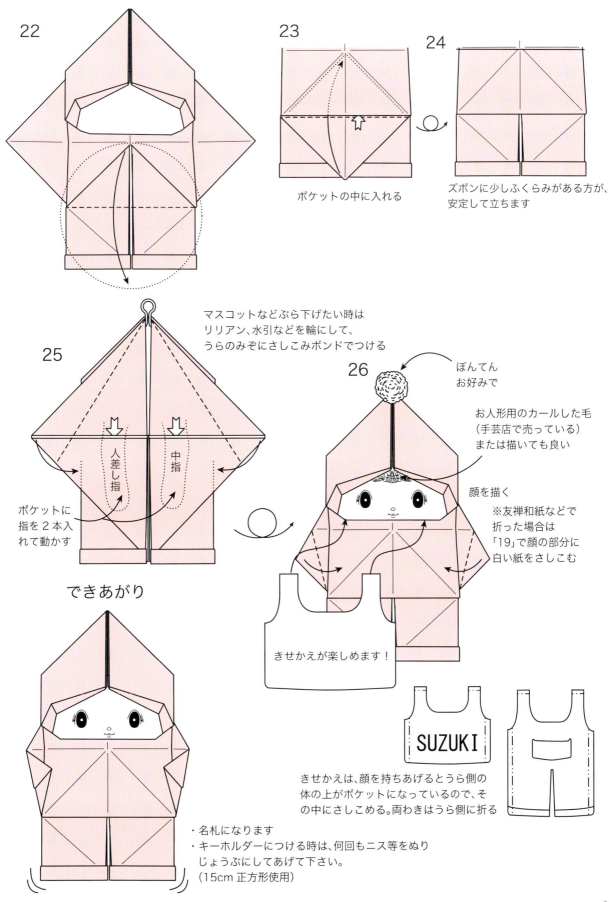

♥ 折り紙でインドと国際交流

2009年にインドに招かれてから7年、2016年11月に再び呼んで頂き、国際交流基金ニューデリー日本文化センターの援助で展示・講習してきました。毎日、午前の部、午後の部、びっしりの講習スケジュールでしたが、中でも印象的な思い出は、インドの生け花クラブとのコラボ展示と、盲学校での講習でした。

インドの折り紙クラブ「ORITAI」の隊長の明日仁見さんと、生け花クラブの会員でもあるプリティさん（共に前著『バラの折り紙 ツイストローズ』の本に登場）は、コラボ展示も楽しみにして半年前から膨大なメールで、その熱い思いを寄せて下さいました。

2回目の会場もとてもなつかしく、皆さんの熱意があふれ、毎日の各教室は盛り上がり、最高のひとときでした。

前回、呼ばれた時も「本物のツイストローズをじかに習いたい」という希望でしたが、今回は新たなメンバーも加わり、やはりツイストローズ・実用折り紙は喜ばれました。ブローチ仕立ての台座に貼るときに「数を数えて接着するより、ここで歌を一曲歌うぐらいの間（ま）がほしいですね」と言うと、皆さんがインドのバラの曲を合唱しながら接着しました。「折り紙で国際交流」の醍醐味を実感した瞬間でした。出来上がった作品を手に素晴らしい笑顔が広まりました。特に日本大使夫人・パトリシアさんがとても気に入って、ツイストローズの完成を喜んで下さいました。

盲学校では250人のうち、最初は日本文化を学ぶ10名に講習しました。講習の合間には持参した作品を回して感触を楽しんでいる笑顔が素敵でした。特にツイストローズを手にしたときは、驚いて感激していました。最後は250人全校生に折り紙を配り、折り紙で頭の体操をゲーム感覚で全員で楽しみました。講習が終わったとき、日本語で「楽しかった！」と大声の感想が会場に響きました。今回も折り紙で楽しい国際交流ができた4日間でした。帰国後もインドの皆さんとメールやラインで交信し、熱い思いは続いています。

第3章
おもてなし折り紙
「銘々皿」「ちょうちょの箸置き」など

国際交流・スピーチに役立つ折り紙

21. 銘々皿 （永田紀子 Nagata Noriko 創作）

●用紙：15cm 正方形 2 枚
　　　（大皿の場合は 25cm）

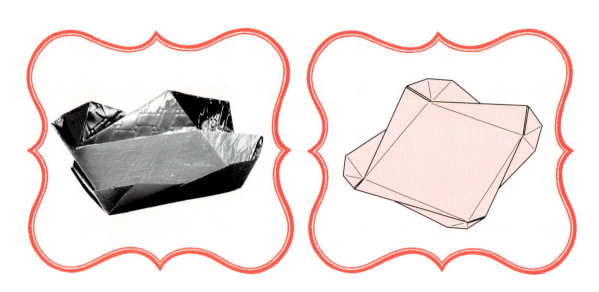

二枚組の簡単折り紙ながら、素材や、折る比率を変えると、変化が楽しめます。
25～30cm角で作ると大皿になり、お菓子を豪華に並べたり、紙皿なので「唐揚げ」等を乗せると、油とりにもなり、便利です。

中央が空いた風車を2枚作って組み合わせます。

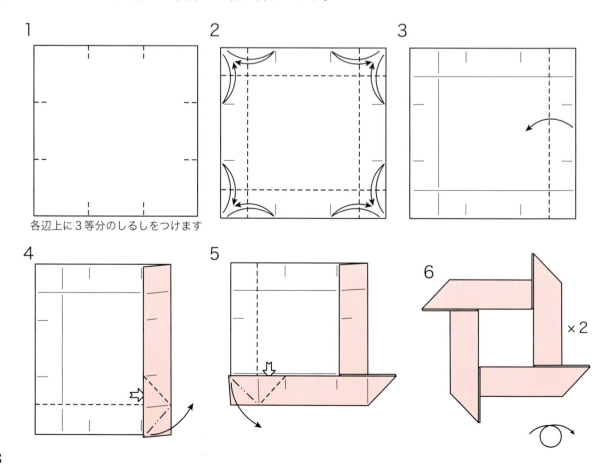

1
各辺上に3等分のしるしをつけます

2

3

4

5

6
×2

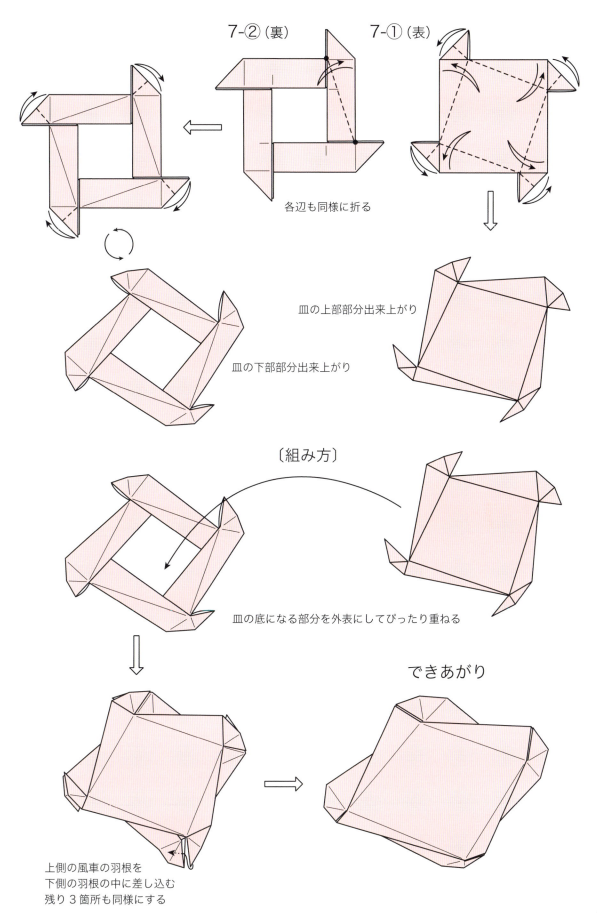

🌸 22. あざらし（タマちゃん）の箸袋　●用紙：15cm正方形

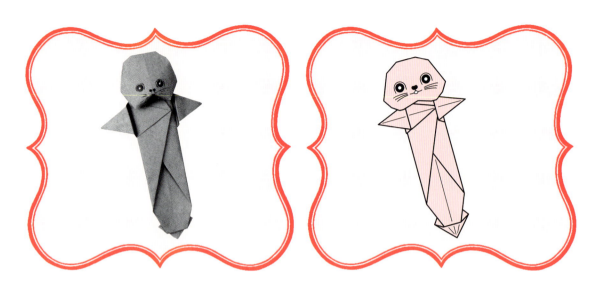

2002年、多摩川に迷いこんだアザラシは、たちまち人気者になり「タマちゃん」と呼ばれ、テレビでも可愛い姿が連日、放映されました。その時に創作した作品です。

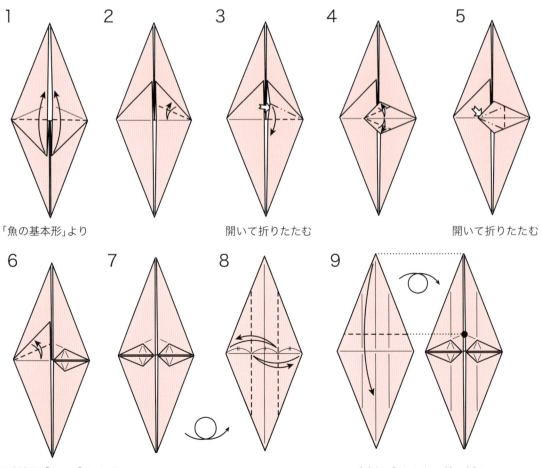

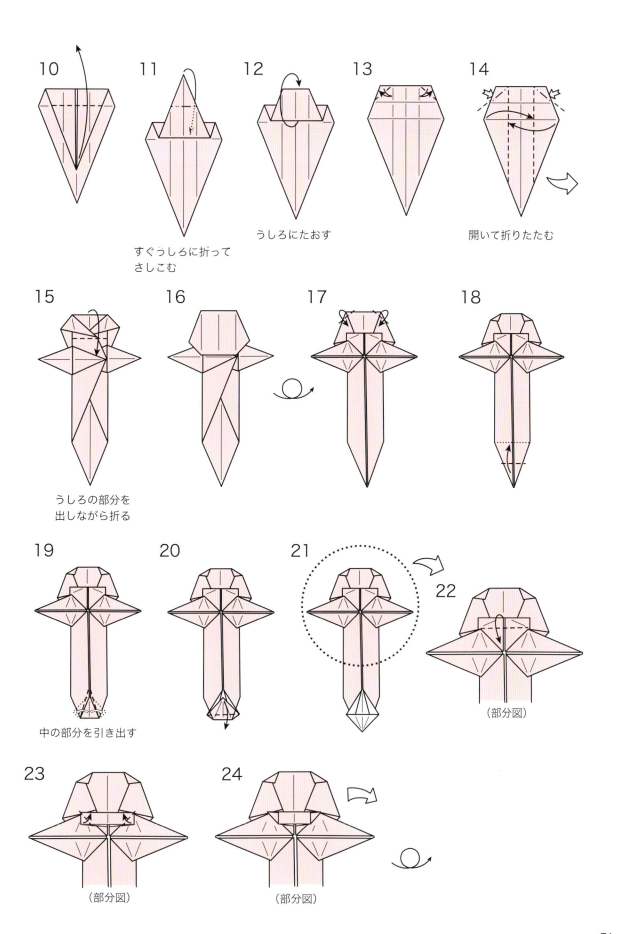

25

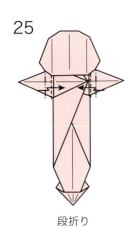

段折り

26

顔を描く
角を折ったり、へこませたりして
さらに顔に丸みをつけてもよい

できあがり

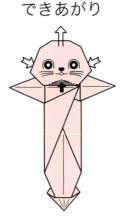

■の部分をつぶし
ながら顔をふくらま
せて形をととのえる

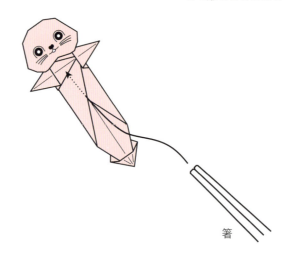

箸

❤「あざらしのタマちゃん」の思い出

　この作品は、月刊「おりがみ・No.330」（日本折紙協会）に、掲載された後、しばらくたって2004年にオランダの折紙協会誌「orison」にも掲載されました。そこには、2002年に日本の多摩川にあらわれ人気者だったことも、書いてありました。その後のタマちゃんがどうしたかは、知るよしもありません。今は作品だけが愛されているのがなんとも。

　この作品を数学者の故 阿部恒氏は「鈴木さんの作品はパンダや、アザラシ、犬など膨らみを出して可愛いらしくするのが特徴ですね」と、お電話を頂いたのが懐かしい思い出です。

　少し大きい紙で作り、スプーンやフォーク入れ（置き）に。子どものパーティやピクニックランチでも喜ばれます。大人にも結構、人気があります。場が和むからでしょうか。

🌸 23. ちょうちょの箸置き　●用紙：15cm 正方形

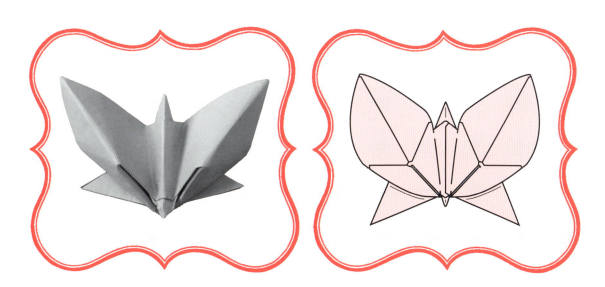

次女が高校生だった夏休みに、父親と一緒に庭の草取りをしていた時、蟻の行列を見て「蟻が蝶の羽をひいて行く。ああヨットのようだ」の詩（三好達治）を思い出してつぶやきました。小学校の教科書を覚えていたことが嬉しくて、ヨットの帆を開くと蝶になるようにデザインしました。

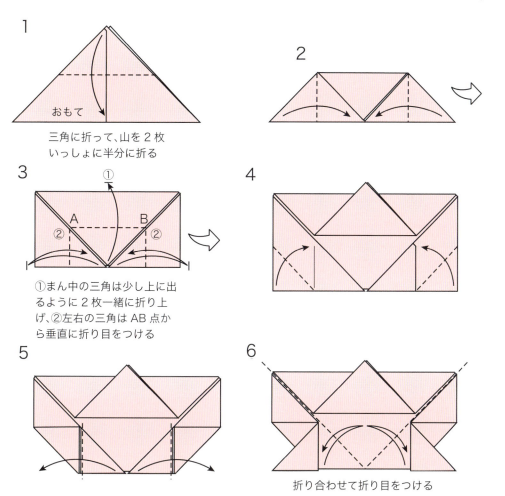

1　三角に折って、山を2枚いっしょに半分に折る

3　①まん中の三角は少し上に出るように2枚一緒に折り上げ、②左右の三角はAB点から垂直に折り目をつける

6　折り合わせて折り目をつける

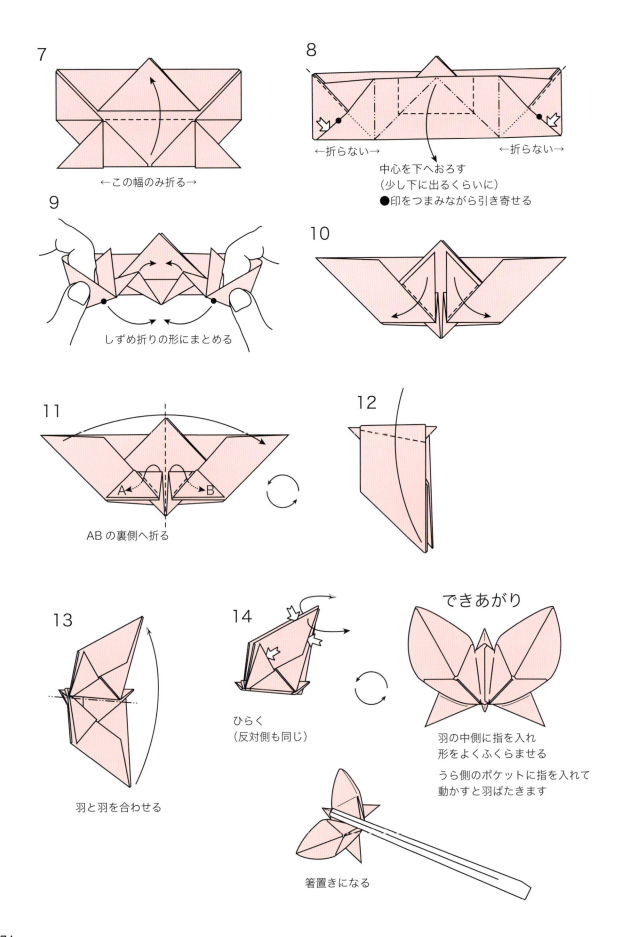

24. ひし形ユニットボール ●用紙：A4サイズ12枚
（ニック・ロビンソン 創作）A4 Rhombic Unit by Mr. Nick Robinson

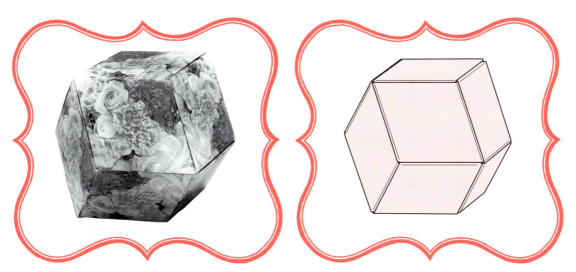

私は大好きなこの作品をイベントや講演の最後に「打ち上げくす玉割り」と称して、舞台に主催者（学校の場合は先生方）に並んでもらい、いっせいにこのボールを上に向かって思いっきりたたき割ってもらいます。中から作品や「ひらひら」「クルクル」が飛んで歓声が上がります。数年前に掲載許可もニックさんから頂いておりましたが、このたび、皆さまのリクエストにやっと…こたえられます。ボールの中に作品がつまった、巨大打ち上げ花火をBOS（イギリス折紙協会）で"Congratulations on the 50th anniversary of BOS"と上げたいです。

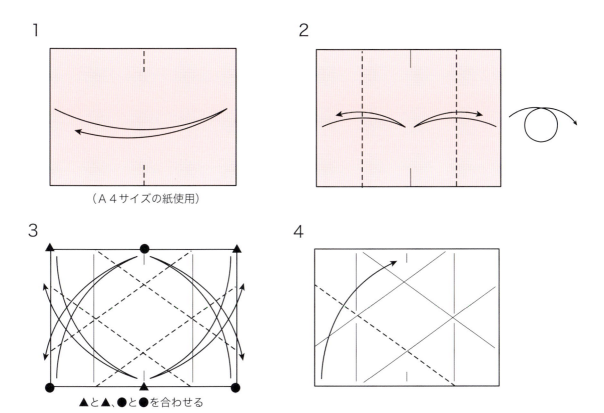

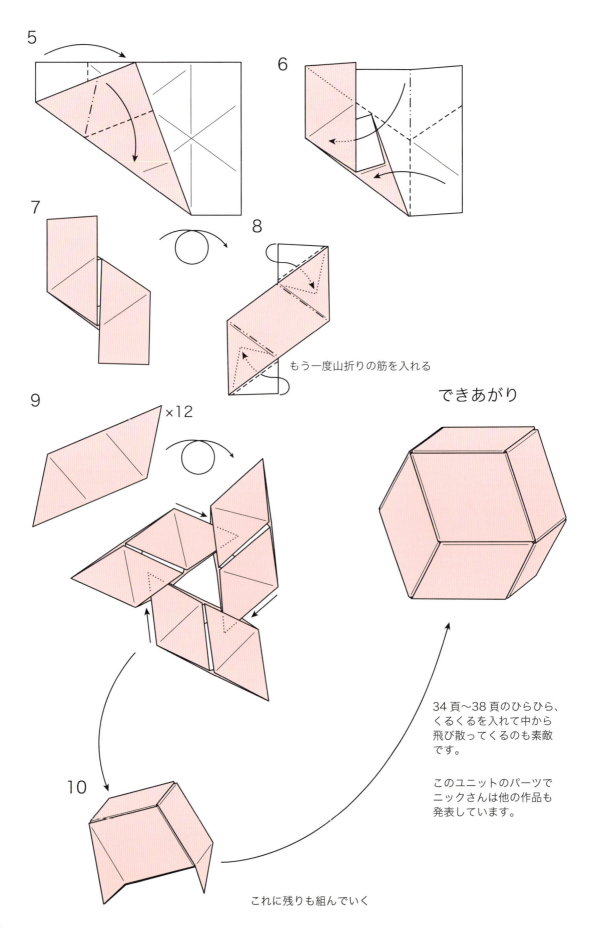

🌹 25. 合格（五角）鉛筆（箸置きにも） ●用紙：7.5cm 正方形

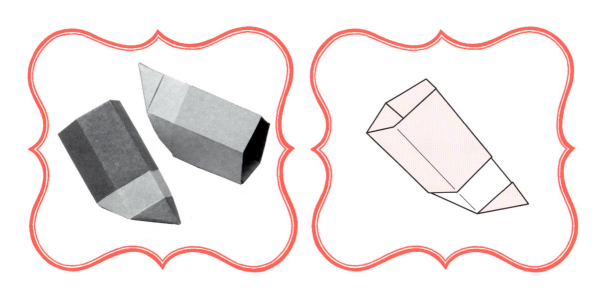

記憶より記録。鉛筆をたくさん使う受験勉強を…。そして「困ったときの神(紙)だのみ」を楽しむ余裕も大切。この作品は息抜きや眠気さましにもなる簡単な折り紙。合格パーティーでは箸置きとして使えます。7色で折り、輝く未来に虹の架け橋をという願いを込めて。新潟県の家庭共育セミナーで紹介しましたら、中3の先生が「クラス全員で折ります」と。全員合格！折り紙つき！2000年に月刊「おりがみ」（日本折紙協会）他で紹介され、今でもお便りの多い作品です。流行に乗るなら、この「Pen」と、「Apple」（藤本修二創作『バラの折り紙 ツイストローズ』掲載）を持って踊りながら歌うと大ウケですよ。長時間、折ったり書いたりしていて姿勢が悪くなっていますから、背筋運動にちょうどよいです。

〔一辺を3等分→6等分にする方法〕折り図「6」では簡単に6等分にしています。

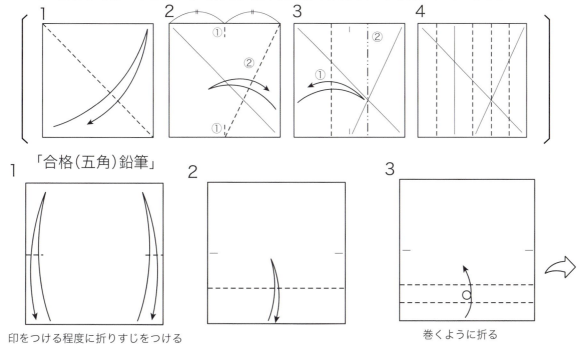

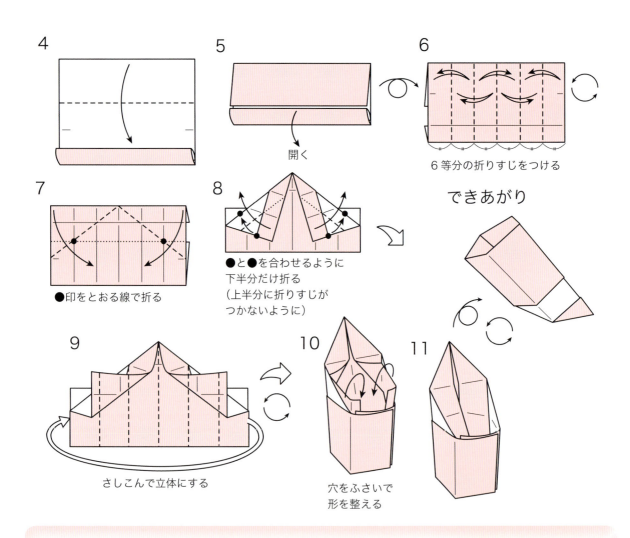

💗 Emi の Apple-Pen

「I have a Pen」で始まる、人気動画にちなんでコラボしてみました。
　　　「りんご」藤本修三 創作、
　　　「ペン」[合格（五角）鉛筆] 鈴木恵美子 創作

💗「鉛筆ケース」の思い出

　「鉛筆ケース」を教室で教えたある日、丁度、会場の学習センターのロビーにイベントのチラシがたくさんありました。その中に「即日完売！」と、赤い札が貼ってあるチラシがゴソッと残っていました。ある人気男性歌手のコンサートの開催案内でした。こんなにチラシが残って、あとは捨てられるのは勿体ないと思い、A4の場合の作品例として教室で使わせて貰いました。丁度、そのあと、雑誌編集者と打ち合わせがある日でした。「今日はこれを講習したの」と、作品を見せたところ編集者から、作品に関してではなく「この方のファンですか？！私の友人がこの方の写真集を出したんです。この箱を差し上げてもよいですか？」と尋ねられたので「どーぞ」と差し上げました。

　それからしばらくして、その、歌手の方から意外な贈り物が届きました。それは「鈴木恵美子さんへ」と模造紙大の写真ポスターにサインが入っており、私が作った箱を持って、にっこり笑っている写真も同封されていました。

🌹26. 合格（五角）鉛筆のケース　●用紙：18cm正方形

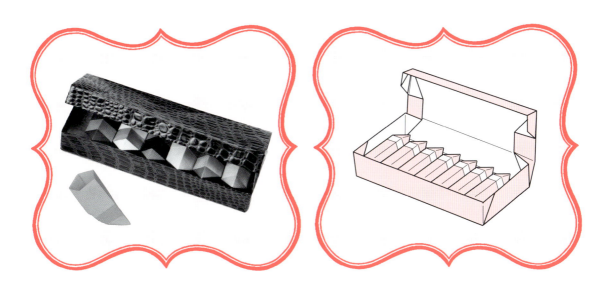

「合格（五角）鉛筆」をケースに入れてプレゼントしたいと思い、阿部恒氏の技法を使って作ったところ、「自分では考えもしなかった作品になって実際に活用して頂き嬉しいです」と鉛筆がピタリ収まるケースを考えた事を喜んで下さいました。

〔鉛筆ケース〕（7本入り）　＜鉛筆 7.5 cm正方形用紙使用、ケース 18cm 正方形用紙使用＞

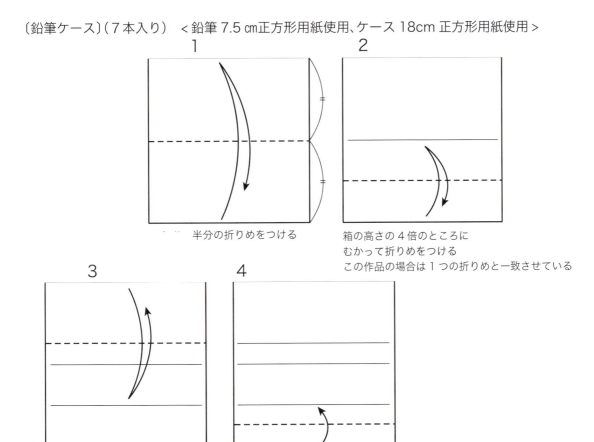

1　半分の折りめをつける

2　箱の高さの4倍のところに
むかって折りめをつける
この作品の場合は1つの折りめと一致させている

79

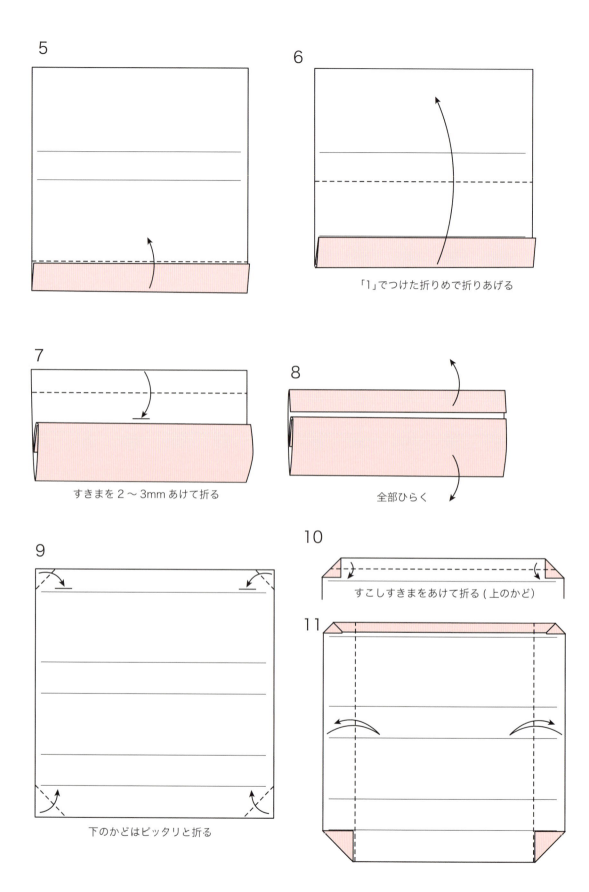

6 「1」でつけた折りめで折りあげる

7 すきまを 2〜3mm あけて折る

8 全部ひらく

10 すこしすきまをあけて折る（上のかど）

9 下のかどはピッタリと折る

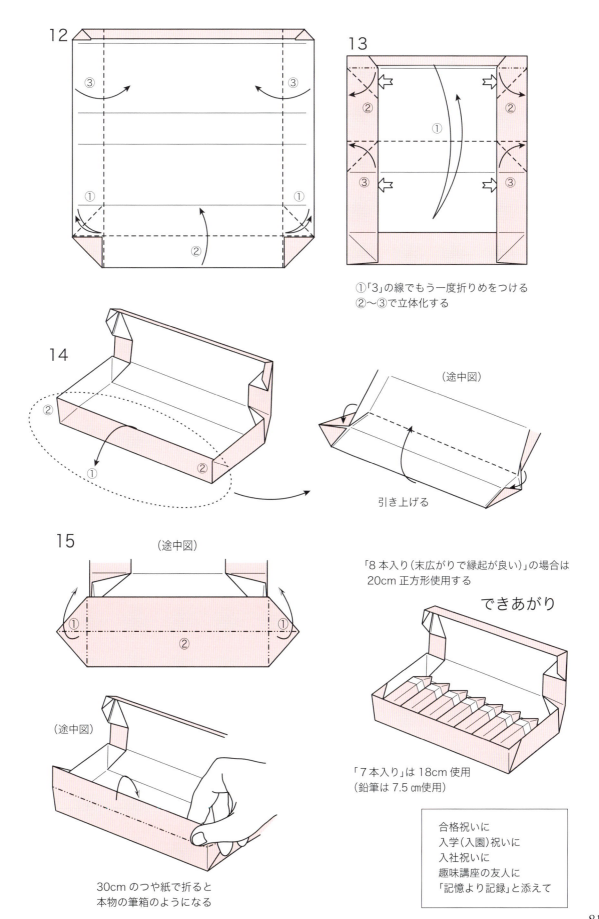

🌹 27. 妹背山 （秘伝千羽鶴折形） ●用紙：15cm 正方形の1/2

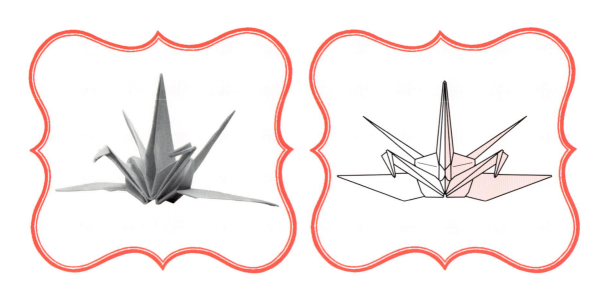

秘伝千羽鶴折形の「妹背山」は縦横1：2の紙を半分に折り、2枚一緒に鶴の基本形を折ってから開き、紙の真ん中に切り込みを入れてから、折りすじ通り引き寄せて2羽の鶴を折ります。「9」図では、あえて山折り線、谷折り線を入れていないのは、ついた折りすじ通りにそって引き寄せたほうが失敗なく進むからです。

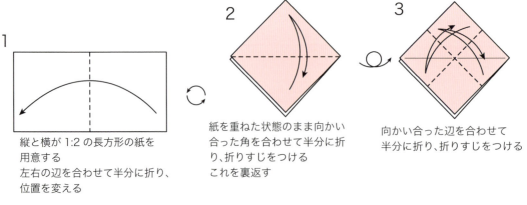

1
縦と横が1:2の長方形の紙を用意する
左右の辺を合わせて半分に折り、位置を変える

2
紙を重ねた状態のまま向かい合った角を合わせて半分に折り、折りすじをつける　これを裏返す

3
向かい合った辺を合わせて半分に折り、折りすじをつける

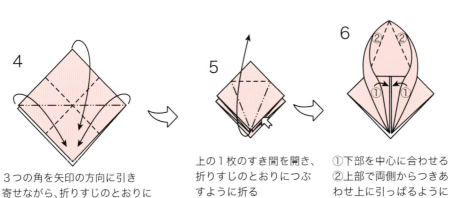

4
3つの角を矢印の方向に引き寄せながら、折りすじのとおりに折りたたむ

5
上の1枚のすき間を開き、折りすじのとおりにつぶすように折る

6
①下部を中心に合わせる
②上部で両側からつきあわせ上に引っぱるようにすると良い

7
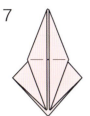
折ったところ
裏側も「5」「6」と
同じように折る

8
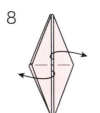
しっかりと折りすじを
つけたら、内側を広げて
「1」の状態に戻す

9
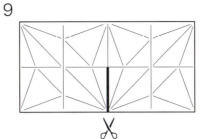
下辺の図の位置にハサミで切り込みを入れます。ついている折りすじ（山折り・谷折り）通り力を加えずにそっと引きよせる

10
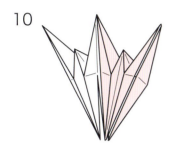
折りたたんだ状態
（横から見た図）

11
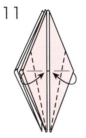
左右の角を上の1枚
だけ中心に向って折る
（ピタリと折らない）

12
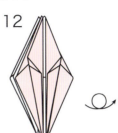
折ったところ
これを裏返す

13
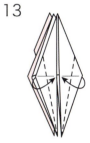
左右の角を上の1枚だけ
中心に向って折る
（ピタリと折らない）

14
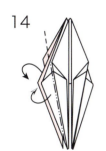
下に残った2枚の
左角を内側に折り込む

15

折ったところ

16
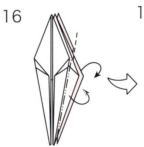
右の角も同様に内側
に折り込む

17
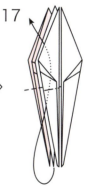
左下の角を図の位置で
中割で折り上げる

18
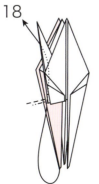
残った角も同じように
図の位置で中割折りで
折り上げる

19
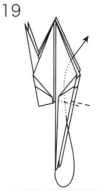
右下の角を図の位置で
中割折りで上げる

20 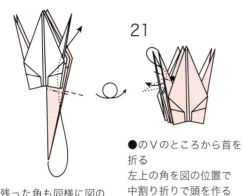 21  22 23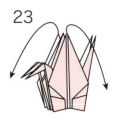

残った角も同様に図の位置で中割折りで折り上げる

●のVのところから首を折る
左上の角を図の位置で中割り折りで頭を作る

もう一つの首も中割り折りをして首をつくる

2つの角(羽)を外側に向けて開く

できあがり

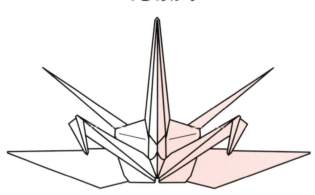

※水引きを赤白で結ぶ時、赤は右側です。妹背山を赤白の裏打ち和紙で折る場合も赤が右側になるように首を折ります。妹背山は赤白の洋紙でも折れます。

※カラー頁(15頁)の「友好鶴」は薄い和紙(15cm×30cm)の左側に株式会社トーヨーの「おりづる・アメリカ」を、右側の裏側には同様に「日本」を貼って折っています。「Emiの友好鶴」と命名します。
「国旗折り紙」をこのように使うと、国際会議のサミットやG8用に、「秘伝千羽鶴折形」の「芙蓉」などの技法で楽しめますが、あくまでも遊び心です。

28. 色分けりんどう車 （秘伝千羽鶴折形「りんどう車」より）

工夫・指導：岡村昌夫 Technique & Idea：Okamura Masao) ●用紙：30cm 正方形

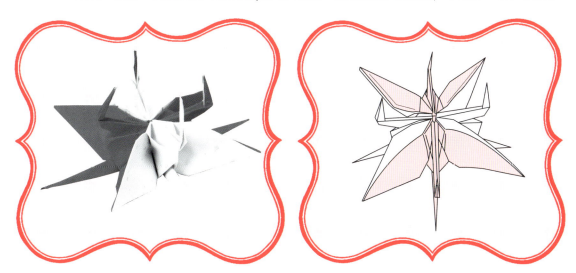

「秘伝千羽鶴折形」の中の「りんどう車」を岡村昌夫先生のアイディアで、誰でも分かりやすく折れる工夫がなされました。日本古来の折り紙に、新たな工夫がいかされ、楽しく仕上がり、人気作品です。4枚を一緒に折るところがミソです。12図で、山折り線、谷折り線をあえて入れておりません。8図でしっかり折った折りすじ通りに引きよせると失敗しません。写真工程は23頁です。

「妹背山」をマスターしてから挑戦してください。

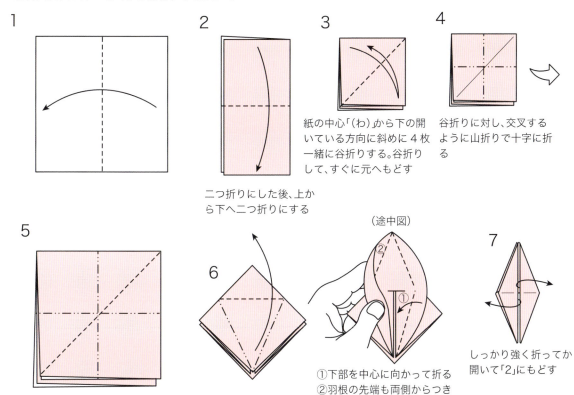

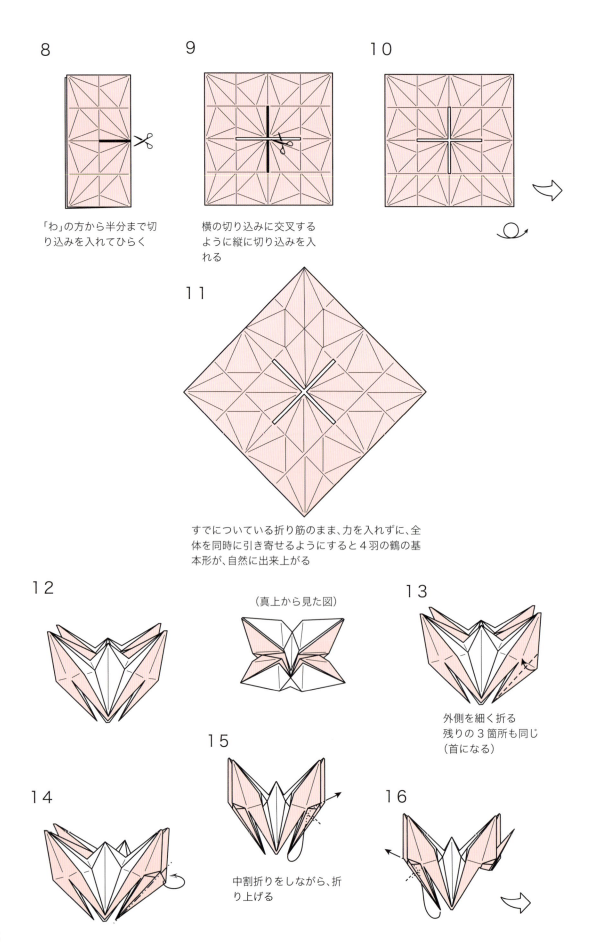

17

●のV字形のところから首を折る
残りの3箇所も同じ

18

中側に入っている尾になる部分を、
楽に動く2つを先に引き上げる
●印の部分を両手で持って、同時に
矢印の方向に引っ張るようにする
と尾になる部分が上がってくる

19

20

①細く折り
②中割折りで折り上げ尾
をつくる
反対側も同じ

21

中割折りで折り上げ尾を
つくる
反対側も同じ

できあがり

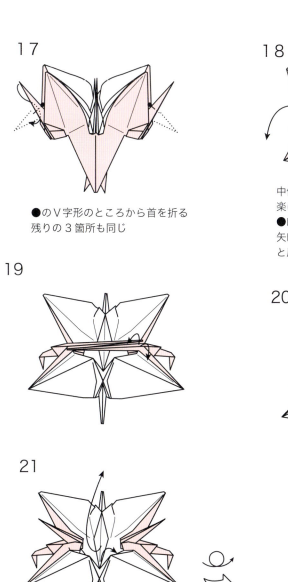
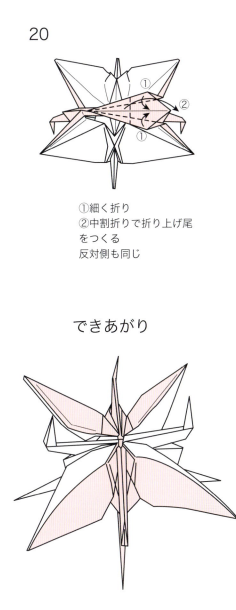

医学と折り紙・・・繁富(栗林) 香織

みなさん、こんにちは。北海道大学の繁富(栗林)香織です。昨年、折り紙の研究外会で鈴木恵美子さんにお会いしました。その際に、鈴木さんから、折り紙の折り畳み技術が医療にも活用されていることをぜひ次世代の子供達にも知ってほしいと言っていただき、今回、原稿を書かせていただくことになりました。今日は、わたしが、折り紙をどのようにして研究し、医療器具や再生医療へ応用しているかを紹介したいと思います。

今回、本書で紹介されている「なまこ」の折り紙デザインを使ってステントグラフトという医療器具を作っています。動脈瘤（りゅう）という病気があります。血管が弱って破裂しそうになり、破裂すると死に至ることもある病気です。そこで、血管を保護するために、折り紙でできた医療器具を使い治療をすることを考えました。「なまこ」は折り畳むと直径が小さくなりますよね。小さく折り畳むことで、血管の中に入れることができます。カテーテルを使い、病気の部分に運びます。その後、広げると破裂しそうになっている血管を保護することができるのです（図1）。折り紙ステントグラフトと名付けました。まだ研究段階ですが、医療器具として既に使われている材料で試作したステントグラフトの写真を図2に示します。図3は、血管を模擬したチューブの中に折り紙ステントグラフトを挿入し、ステントグラフトが体温と同じ温度で広がる様子です。

さらに、最近では、細胞を使って折り紙を折っているんですよ。「細胞で？」と思っている方は沢山いると思います。私たちのからだは60兆個ほどの細胞でできています。体の中には、血管、食道、肺胞のような中空構造がたくさんありますよね。こうした中空構造を作るのは、折り紙が得意とします。折り紙の"折る"ことで、簡単に平面から立体構造を作製できる特長を利用し、2次平面上に培養された細胞を折り紙のように折り、立体構造を作製する技術を開発しました。血管などの中空構造をもつ臓器を作る再生医療などに応用できる可能性があります（図4）。

私たちが慣れ親しんでいる日本の伝統的な折り紙が、日本だけではなく、世界中の研究者が医療の応用に向けて研究を進めています。今さらなる進化を遂げています。

2016年11月記

(動画) https://www.youtube.com/watch?v=Dg2XLtUJQFM

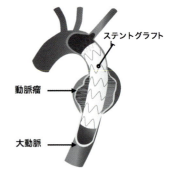

図1：大動脈瘤治療に用いるステントグラフト。

図2：ステンレス鋼より作製された折り紙ステントグラフト。

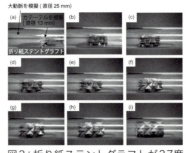

図3：折り紙ステントグラフトが37度(体温と同等の温度)で展開する様子。

図4：細胞折紙技術：平面上に培養された細胞から血管を模擬した中空構造を作製。

第4章
遊び心で楽しむ折り紙
「折りたたみ帽子」「おどーるちゃん」「なまこ」など

むずかしい折り紙を遊び心で挑戦

29. なまこ （藤本修三 Fujimoto Shuzo 創作）

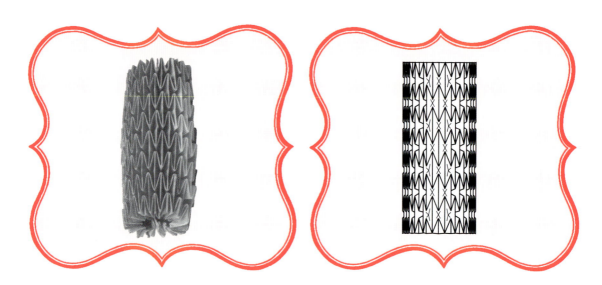

教育機関で話す時は折り紙の技法が、いろいろな分野で活用されていることを紹介しています。
その中でも「なまこ」は医学の世界で活用されています。
詳しいことは88頁の北海道大学の繁富(栗林)香織先生のご寄稿文をお読み下さい。

縦横1:2の紙を使用
(正方形の紙で全部の折り筋をつけてから、半分にカットしたほうがやり易い)
複雑に見える仕込み図も、基本的な折りの繰り返しということを理解するとかんたんに折れるようになる

【仕込み図】

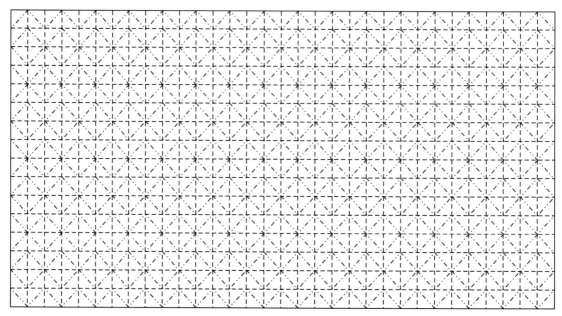

縦・横は谷折り、斜めに山折りを繰り返し、仕込み図どおりの折りすじをつける

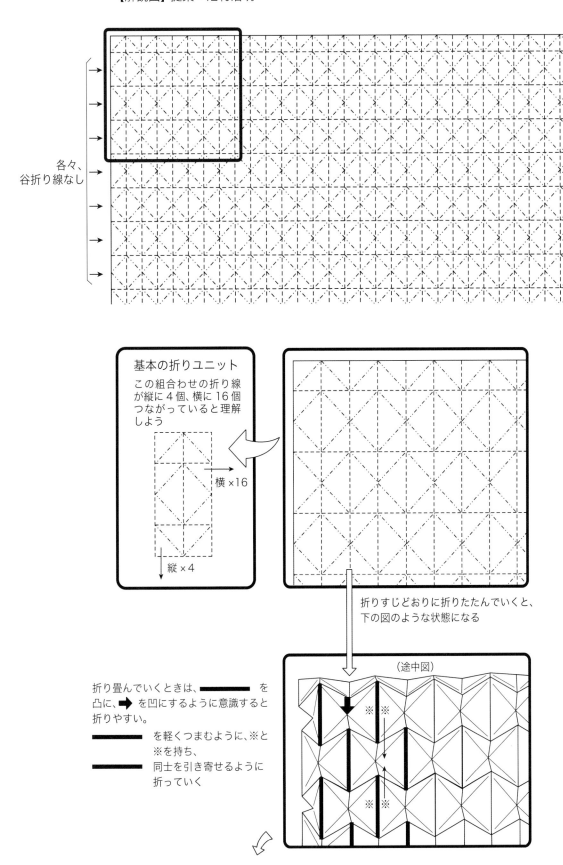

できあがり

輪っかになるように両端を薄い紙テープ(のりつき)を使い
両方からつきあわせになるように貼る

紙テープ
(和紙ばんそうこう)
のり面

※最初は、8分割、次は16分割したのを折って立体にするコツをつかんでから32分割に挑戦するとよいです。
また、100円ショップの、LEDライトにかぶせて「あかり」にしたら、すてき！です。

❤「球体ラッピング筒型8枚羽根」とのコラボ作品

① 「球体ラッピング筒型8枚羽根」創作：三谷 純
② 「ツイストローズ」創作：鈴木恵美子
③ 飾り台「秘伝千羽鶴折形・りんどう車」
　：「色分けりんどう車」工夫：岡村昌夫 より

上記3点制作：著者

http://mitani.cs.tsukuba.ac.jp/ja/cp_download.html

🌹 30. 折りたたみ帽子 (野島武敏 Nojima Takatoshi 創作)

〈野島武敏先生は「折り紙工学」という言葉を提唱された方です〉

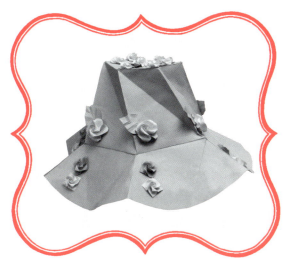
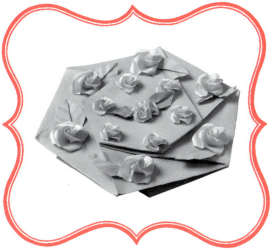

工学博士の野島先生は、私の帽子の作品を見て「鈴木さんの帽子は畳めないね。僕のは畳めて便利ですよ」と、おっしゃっていました。前から、作品を存じ上げて、制作もしていましたが、小さい縫いぐるみに被せたきりで、自分用のは作っていませんでした。私の世界とは違う世界を子供たちに見せてあげようと、大人用を作り、畳んだ状態で全面にツイストローズを飾りました。そして、小学校から「職業の達人に聞く授業」を依頼され、その時の授業で、「花飾り、開いてみたら…何でしょう？」と、やってみせても、子供たちは最初は分からなくて、一生懸命、考えていました。私の狙いは、考えて欲しい授業なので、最初から、帽子を見せるのではなく、広げたら、何になるのだろう、と逆にしました。案の定、帽子になったときは、歓声が上がりました。4月末、折り紙交流会の帰りに、観光地に行きました。真夏のような強い日射しで、日傘も、帽子も持参していなかったので、展示した「折りたたみ帽子」をかぶりました。視線を感じながら歩いていると、「手作りの帽子ですか？」と、声をかけられました。折り紙と分かり、それから話がはずみました。

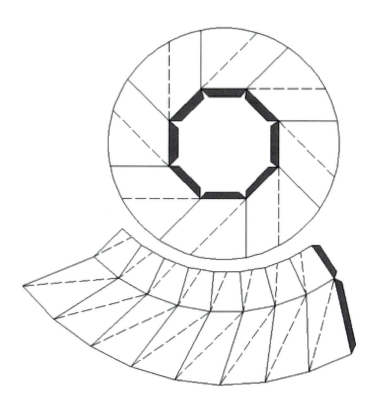

🌹 31. おどーるちゃん （野島武敏 創作「巨大膜の巻き取り収納」から

〈宇宙に巨大な構造を作るため考案された円形膜の巻き取り収納〉

Suzuki Emiko

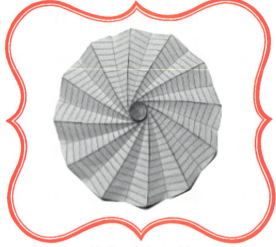

Nojima Taketoshi

「巨大膜の巻き取り収納」を「折り紙シンポジウム」（日本折紙協会主催）で教わる前日、私の昼間と夜の講習を見ていらした野島先生は「あなたはエネルギッシュですごい。明日、僕はそんな馬力は無いよ」と、冗談をおっしゃったので、「自分の世界は、一生懸命できますが、明日の先生の講義はきっと、もぬけの殻で変身しています」と、答えました。案の定、翌日は疲れと睡眠不足で、睡魔との闘いでした。難しいお話が遠のいていき、作品を作るのも失敗をしてしまいました。帰宅してからこの失敗を生かせないか…と考え、帽子とスカートを作りました。頭に固定した帽子を広げると、それに合わせてスカートが回転を始め踊るような感じになりました。先生に写真報告をすると「僕の無機質な作品にあなたは生命を吹き込んでくれました。感謝します」と、メールをいただきました。体調が悪い時に頂いたメールにエネルギーを頂きました。

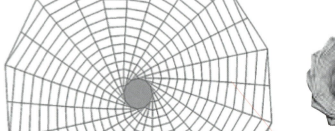

折りたたんだ状態

少し曲がった曲線にする

原案「巨大膜収納」創作：野島武敏

🌹 32. つなぎツイストローズの漢字・数字
〈「夢」高智千鶴子 制作、「40」「50」飯田敏子 設計〉

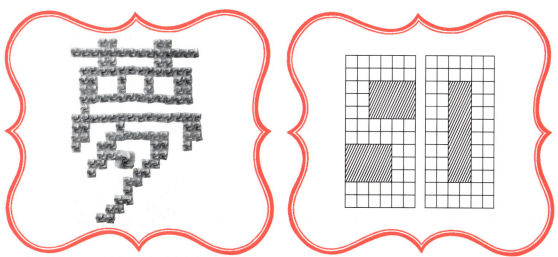

おりがみカーニバル2014（日本折紙協会）出展作品

祝結婚○年、創立○年、設立○年と祝うことは多いです。BOS（イギリス折紙協会）50周年記念誌に折り図提供依頼メールが来ました。多忙だったために、すでに書き終えていた「おしゃべりする象」を送りました。時間があれば、「50」の「つなぎツイストローズ」を送りたかったです。
漢字「夢」の完成写真（左上）と「40」「50」をつなぎツイストローズで作る数字の設計（飯田敏子作）です。作り方は前著『バラの折り紙 ツイストローズ』40頁「つなぎツイストローズ」参照。

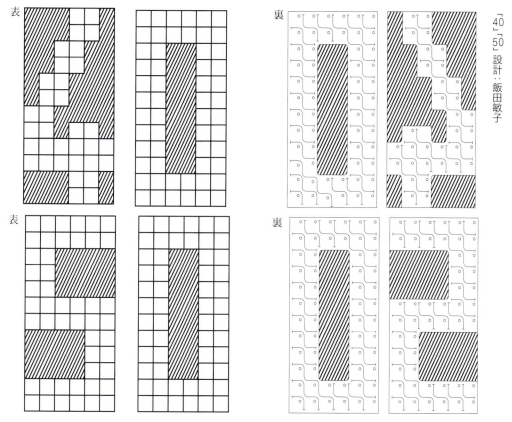

「40」「50」設計：飯田敏子

NOA ORIGAMI Magagine（日本折紙協会）No.500のお祝いもできます‼

ご主人と共に

あとがき

私のたくさんのエピソードをまとめるのに今回もご苦労頂いた編集の高戸寧さん、デザイナーの柳原福良さん、また、撮影日は大雪予報で前日から待機してくださったカメラマンの糸井康友さん、そして、今回も手書きの折り図をきれいなPC図に仕上げて下さった池村浩明さんに心から感謝し、お礼を申し上げます。

そして、撮影にご協力頂いた株式会社藏持の藏持社長様・スタッフの皆様のあたたかい応対に感謝申し上げます。15年前に「作品展示会」をしませんかとお声をかけて頂いたご縁で、年月を経て、また同じ場所で、作品を飾れる嬉しさ。誠に折り紙は「人と人を結びつける力がある」と感じた本作りでした。

最後に、常に私をサポートしてくれる夫、そして、年末年始もなく校正に専念できるよう協力してくれた子供たちに「有難う」と言ってペンを置きます。

鈴木恵美子

鈴木恵美子（Suzuki Emiko）

茨城県牛久市在住。日本折紙協会会員、折り紙教育を考える会会員。国内外の各種団体に所属し、教育活動の一環として「折り紙」を通じ、子どもの情操教育の重要性を、また、生涯学習講座などを通じ、コミュニケーションの大切さを提唱している（海外10数ヶ国、国内100数ヶ所）。

1997年、茨城県の海外派遣生としてアメリカとカナダで教育、福祉、環境問題を研修。帰国後、茨城県女性つばさ連絡会の会員となる。

「四角い紙から生まれる丸い人間関係、折り紙で紙ニケーション」をモットーに幅広い普及活動を行なう一方、創作や素材研究にも力を注ぐ。代表作はツイストローズ、カーネーション、バッグ等の実用折り紙。作品は国内外の書籍などに掲載されている。『メッシュ折り紙』（ブティック社）、「月刊おりがみ」（日本折紙協会）、『バラの折り紙ツイストローズ』（日貿出版社）、『季節の花と小物の折り紙』（PHP研究所）、『飾る・贈る花の折り紙』（池田書店）他

本書の内容の一部あるいは全部を無断で複写複製（コピー）することは法律で認められた場合を除き、著作者および出版社の権利の侵害となりますので、その場合は予め小社あて許諾を求めて下さい。

遊び心をくすぐる32作例
食べる・動かす・もてなす折り紙 ●定価はカバーに表示してあります

2017年2月25日 初版発行

著　者　鈴木恵美子（すずきえみこ）
発行者　川内長成
発行所　株式会社日貿出版社
　　　　東京都文京区本郷5-2-2　〒113-0033
　　　　電話（03）5805-3303（代表）
　　　　FAX　（03）5805-3307
　　　　振替　00180-3-18495

印刷・製本　三美印刷株式会社
装幀・デザイン　有限会社柳原デザイン室　撮影・糸井康友
© 2017 by Emiko Suzuki/Printed in Japan
落丁・乱丁本はお取り替え致します

ISBN978-4-8170-8234-3　　http://www.nichibou.co.jp/

協力：株式会社　藏持
　　　日本折紙協会（Tel:03-3625-1161）

［使用素材］いなば和紙協業組合、株式会社トーヨー、株式会社クラサワ、株式会社八下田織物、株式会社ビッグウィル、株式会社古河本社、J-オイルミルズ
http://www.j-oil.com/product/gyoumu/mame/

［包装紙使用］椿庵博美屋、網元ろくや

参考資料『つなぎ折鶴の世界－秘伝千羽鶴折形－』（岡村昌夫著 本の泉社）

折り図：池村浩明